NIEZBĘDNA KSIĄŻKA KUCHARSKA WEGAŃSKIEGO GRILLA DLA POCZĄTKUJĄCYCH

100 ZIELONYCH PRZEPISÓW NA GRILLOWANIE, PIECZENIE, WĘDZENIE, MARYNOWANIE I DUSZENIE NA WOLNYM OGNIU

Michalina Malinowska

Wszelkie prawa zastrzeżone.

Zastrzeżenie

Informacje zawarte w tym eBooku mają służyć jako obszerny zbiór strategii, na temat których autor tego eBooka przeprowadził badania. Podsumowania, strategie, wskazówki i triki są tylko zaleceniami autora, a przeczytanie tego eBooka nie gwarantuje, że czyjeś wyniki będą dokładnie odzwierciedlać wyniki autora. Autor eBooka dołożył wszelkich uzasadnionych starań, aby zapewnić aktualne i dokładne informacje dla czytelników eBooka. Autor i jego współpracownicy nie ponoszą odpowiedzialności za jakiekolwiek niezamierzone błędy lub pominięcia, które mogą zostać znalezione. Materiał w eBooku może zawierać informacje pochodzące od osób trzecich. Materiały osób trzecich zawierają opinie wyrażone przez ich właścicieli. W związku z tym autor eBooka nie ponosi odpowiedzialności za materiały lub opinie osób trzecich.

Książka elektroniczna jest chroniona prawami autorskimi © 2022 z wszelkimi prawami zastrzeżonymi. Redystrybucja, kopiowanie lub tworzenie prac pochodnych na podstawie tego eBooka w całości lub w części jest nielegalne. Żadna część tego raportu nie może być reprodukowana ani retransmitowana w jakiejkolwiek formie reprodukowanej lub retransmitowanej w jakiejkolwiek formie bez pisemnej wyraźnej i podpisanej zgody autora.

SPIS TREŚCI

SPIS TREŚCI... 3

WPROWADZANIE.. 8

ŚNIADANIE, BRUNCH I JAJKA... 9

   1. SAŁATKA Z PIECZYWA Z GRILLA I POMIDORKÓW KOKTAJLOWYCH 10

   2. NALEŚNIKI WEGAŃSKIE... 13

   3. JAJKA NA GRILLU... 15

   4. PLACKI ZIEMNIACZANE Z GRILLA... 17

   5. GRILLOWANE BOROWIKI Z ŻÓŁTKAMI....................................... 20

   6. CHLEB KUKURYDZIANY Z GRILLA... 22

   7. GRILLOWANE JABŁKA NADZIEWANE GRANOLA........................ 24

   8. GRILLOWANE AWOKADO I JAJKA.. 26

   9. JAJKA WĘDZONE... 29

   10. JAJKO W CHLEBIE.. 31

   11. FONTINA I GRILLOWANE WARZYWA WRAP ŚNIADANIOWY 33

   12. QUICHE Z GRILLOWANYCH WARZYW...................................... 36

   13. GRILLOWANA FOCACCIA I WEGETARIAŃSKA KANAPKA ŚNIADANIOWA?... 39

   14. GRILLOWANE ZIEMNIAKI ŚNIADANIE..................................... 41

PRZYSTAWKI, PRZEKĄSKI I PRZYSTAWKI.................................... 44

   15. SMAŻONE SZASZŁYKI Z PAPRYKI Z CUKINII............................. 45

   16. OGRÓD NA SZPIKULCU.. 47

   17. SZASZŁYKI HALLOUMI... 50

   18. SZASZŁYK Z CZERWONYCH ZIEMNIAKÓW............................... 53

19.	Grillowane szaszłyki warzywne z sosem do mopa	56
20.	Grillowane szaszłyki warzywne	59
21.	Grillowane kwadraty polenty	62
22.	Chrupnięcie z przekąskami z grilla	65
23.	Serowe ciasteczka z przystawkami	67
24.	Chipsy przekąskowe z bajgla	69
25.	Mieszanka chrupania z grilla	71
26.	Orzechy BBQ	74
27.	S'mores na grillu	76
28.	S'mores z grillowaną papryką	78
29.	Grillowane krążki pomidorowo-serowe	80
30.	Grillowane segmenty sera pleśniowego	83
31.	Grillowana bruschetta serowa	85

WARZYWA ZWYKŁE 87

32.	Shiitake z Whisky i Miso-Marynatą	88
33.	Bakłażan marynowany w piwie z Shiitake	91
34.	Grillowane szparagi z Burratą, Żółtkiem i Sosem Kumkwat	95
35.	Solanka wschodnia z grillowanymi warzywami	98
36.	Grillowany Kalafior z Gremolatą	101
37.	Grillowany Groszek i Dymka z Kiełkami Fasoli	104
38.	Shiitake z grilla na węglu drzewnym	107
39.	Warzywa z grillowanego konfetti	109
40.	Spadek warzyw na grillu	112
41.	Grillowana dynia żołędziowa i szparagi	114
42.	Bakłażan z wędzonymi pomidorami i orzeszkami pinii	117
43.	Pieczony Czerwony Burak z Fetą i Dukkah	120

44.	Warzywa z grilla w solance	123
45.	Grillowane warzywa chimichurri	126

DODATKI 129

46.	Grillowane pory z szampanem	130
47.	Serowe ziemniaki z grilla	133
48.	Grillowana dynia i cukinia	136
49.	Grillowany bok Choy	139
50.	Marchew pieczona na węglu drzewnym z bulionem lubczykowym	141
51.	Grillowane szparagi	144
52.	Grillowane pieczarki Portobello	146
53.	Grillowane frytki z przyprawami	148
54.	Pieczone ziemniaki z grilla	150
55.	Grillowana cebula	152
56.	Grillowane szalotki w sosie migdałowym	154
57.	pieczony jarmuż	157

SAŁATKI 159

58.	Sałatka z rukoli i warzyw z grilla	160
59.	Sałatka z awokado i ryżem	163
60.	Brązowy ryż i grillowane warzywa	166
61.	Sałatka z pomidorów koktajlowych i grillowanej cebuli	169
62.	Sałatka ogrodowa z grilla	172
63.	Grillowane szparagi i pomidory	175
64.	Sałatka kukurydziana z grilla	178

SEITAN, TEMPEH I TOFU 181

65.	Broszetki Seitan z Brzoskwiniami	182
66.	Grillowane Seitan i Kaboby Warzywne	185
67.	Kubańska kanapka z seitanem	188
68.	Grillowane Tempeh	191
69.	Grillowane Tofu z Glazurą Tamaryndową	194
70.	Szaszłyk z tofu w marynacie	197
71.	Cafe z grilla tofu	200
72.	Grillowane tofu sojowe	202
73.	Grillowane tofu z nerimiso	205
74.	Szaszłyk z tofu i warzyw	208
75.	Indyjskie przyprawione tofu szaszłyki	211
76.	Papryki faszerowane tofu na grillu	214

KANAPKI I BURGERY 217

77.	Burgery z ryżu z soczewicy	218
78.	Burger z oliwek i fasoli mung	220
79.	Burger z czarnej fasoli z serem cheddar i cebulą	223
80.	Grillowany Burger Awokado z Marynowaną Fasolą	227
81.	Burger z komosy ryżowej i słodkich ziemniaków	230
82.	Grillowane kanapki z Chile Relleno	233
83.	Grill z owocami orzechowymi Kanapka	235
84.	Zdrowa wegańska kanapka z grillowanym serem	237
85.	Grillowane kanapki z orzechami i serem pleśniowym	240
86.	Grillowane jabłko i ser	243
87.	Rozkosz z grillowanego sera?	246

DESERY 248

88.	Grillowane placki ziemniaczane	249

89. Grillowane ciastka ryżowe 252
90. Ciastko brzoskwiniowe 255
91. Hayes Street Grill chrupiąca morela 257
92. Grillowana tarta z bakłażanem 260
93. Grillowane lody z rumem 264
94. Grillowane banany z lodami 267
95. Gotowane i Grillowane Gruszki 270
96. Grillowana Melba Brzoskwinia 273
97. Danie owocowe o azjatyckich smakach 276
98. Naleśniki Lodowe 279
99. Zapiekanka z Pekanem i Gruszką 281
100. Tostowany krem chili 283

WNIOSEK **286**

WPROWADZANIE

Wszystko, co naprawdę musisz wiedzieć o grillowanych warzywach, oprócz tego, jak je ze sobą łączyć, to temperatura i czas grillowania.

Możesz grillować prawie każde warzywo. Jednocześnie nie możesz po prostu rzucić ich wszystkich i mieć nadzieję na najlepsze! Niektóre warzywa są twardsze niż inne, takie jak marchewka i ziemniaki. Warzywa tego typu należy przed grillowaniem ugotować. Oto najlepsze warzywa na grilla:

A. Pieczarki baby bella
B. Zielone fasolki
C. Czerwona i pomarańczowa papryka
D. Cukinia
E. Żółty squash
F. czerwona cebula

Te grillowane warzywa można jeść prosto z grilla i smakują niesamowicie. Nawet lepiej; Wymieszaj je z szybką mieszanką oliwy z oliwek i octu balsamicznego, aby wzmocnić smak!

ŚNIADANIE, BRUNCH I JAJKA

1. Sałatka z pieczywa z grilla i pomidorków koktajlowych

Całkowity czas przygotowania: 5 minut

Całkowity czas gotowania: 5 minut

Wydajność: 1 porcja

Składniki

- 1 mały ząbek czosnku; mielone 1
- ⅓ szklanka Ocet balsamiczny 75 ml
- 1½ łyżki oliwy z oliwek 20 ml
- ¼ łyżeczki pieprzu 1 ml
- Sól dla smaku
- 2 łyżki pokrojonego w kostkę świeżego szczypiorku lub zielonej cebuli
- ⅓ filiżanka pokrojonej w kostkę świeżej bazylii
- 6 segmentów chleba francuskiego lub włoskiego
- 4 szklanki pomidorków koktajlowych; o połowę

Wskazówki

a) W małej misce wymieszaj czosnek, ocet, olej, pieprz i sól. Dodaj bazylię i szczypiorek.

b) Grilluj lub tostuj chleb

c) Pokrój każdy segment na kawałki.

d) Połącz chleb, pomidorki koktajlowe i dressing w misce.

e) W razie potrzeby posmakuj i dostosuj przyprawy.

2. Naleśniki Wegańskie

Całkowity czas przygotowania: 10 minut
Całkowity czas gotowania: 5 minut
10 naleśników

Składniki

- 1 1/3 szklanki zwykłego lub waniliowego mleka sojowego
- 1 Mąkę o wszechstronnym przeznaczeniu
- 1/3 szklanki twardego tofu, odsączonego i pokruszonego
- 2 łyżki roztopionej margaryny wegańskiej
- 2 łyżki cukru
- 1 1/2 łyżeczki czystego ekstraktu waniliowego
- 1/2 łyżeczki proszku do pieczenia
- 1/8 łyżeczek soli
- Olej rzepakowy lub inny neutralny do gotowania

Wskazówki

a) Połącz wszystkie składniki
b) z wyjątkiem oleju do smażenia) w mikserze, aż będzie gładka.
c) Rozgrzej patelnię nieprzywierającą lub patelnię do naleśników na średnim ogniu.
d) Wlej 3 łyżki ciasta na środek patelni i przechyl patelnię, aby cienko rozsmarować ciasto.
e) Smaż na złoty kolor z obu stron, przewracając raz.
f) Umieść resztki ciasta na blasze i kontynuuj proces, w razie potrzeby smarując patelnię

3. Jajka na Grillu

Całkowity czas przygotowania: 2 minuty

Całkowity czas gotowania: 18 minut

Wydajność: 6

Składniks

- 12 jajek

Wskazówki

a) Rozgrzej grill zewnętrzny do średnio wysokiej temperatury.

b) Spryskaj blachę do muffinek sprayem do gotowania i wbij jajko do każdego otworu.

c) Umieścić na grillu i gotować przez 2 minuty, aż do uzyskania pożądanego wypieczenia.

4. Placki ziemniaczane z grilla

Całkowity czas przygotowania:10 minut

Całkowity czas gotowania:15 minut

Wydajność: 100 porcji

Składnik

- 1 szklanka masła
- 9 jajek
- 1 szklanka mleka
- 22 funty ziemniaków gotowanych w osolonej wodzie
- 4½ szklanki chleba
- 1½ łyżeczki czarnego pieprzu
- 2 łyżki soli

Wskazówki

a) Miksuj ziemniaki w naczyniu miksera na niskich obrotach przez 1 minutę lub do rozbicia na mniejsze kawałki.

b) Dodaj pieprz i masło lub margarynę. Miksuj na wysokich obrotach przez 3 do 5 minut lub do uzyskania całkowitej gładkości.

c) Odtworzyć mleko; podgrzej na wolnym ogniu; wymieszać z ziemniakami na niskich obrotach, a następnie dodać całe wymieszane jajka.

d) Uformować paszteciki i obtoczyć w bułce tartej.

e) Grilluj 3 minuty z każdej strony na lekko naoliwionej patelni lub na złoty kolor.

5. Grillowane borowiki z żółtkami

Całkowity czas: 30 minut

Wydajność: 4 porcje

Składnik

- 2 funty świeżego borowika
- 3 łyżki oliwy z oliwek extra virgin plus
- 2 łyżki stołowe
- 4 jajka, jumbo

Wskazówki

a) Pieczarki pokroić w plastry i doprawić solą i pieprzem.

b) Umieść pieczarki na grillu i smaż przez 2 minuty z każdej strony.

c) W międzyczasie rozgrzej pozostały olej na patelni z powłoką zapobiegającą przywieraniu, aż zacznie palić.

d) Wbij jajka na patelnię i gotuj, aż białka zestalą się.

e) Zdejmij patelnię z ognia i odstaw na 3 minuty. Połóż pieczarki na talerzu do serwowania.

f) Z jajek wyciąć białka i ostrożnie ułożyć żółtka na wierzchu pieczarek, od razu podawać.

6. Chleb kukurydziany z grilla

Całkowity czas przygotowania: 15 minut

Całkowity czas gotowania: 40 minut

Wydajność: 8 plasterków

Składniki

- 1 szklanka mąki kukurydzianej
- 1 szklanka mąki
- 2 łyżeczki proszku do pieczenia
- 3/4 łyżeczki soli
- 1 szklanka mleka
- 1/4 szklanki oleju roślinnego

Wskazówki

a) Wymieszaj suche składniki. Dodaj mleko i olej roślinny.

b) Wlać do naoliwionej patelni.

c) Gotuj, aż środek będzie twardy.

7. Grillowane Jabłka Nadziewane Granola

Całkowity czas przygotowania: 15 minut
Całkowity czas gotowania: 45 min
Wydajność: 4 porcje

Składniki

- 1/2 szklanki wegańskiej granoli domowej roboty
- 2 łyżki kremowego masła orzechowego lub masła migdałowego
- 1 łyżka margaryny wegańskiej
- 1 łyżka czystego syropu klonowego
- 1/2 łyżeczki mielonego cynamonu
- Babcia Smith lub inne twarde jabłka do pieczenia
- 1 szklanka soku jabłkowego

Wskazówki

a) Rozgrzej grill do 350 stopni Fahrenheita.
b) Odstawić nasmarowaną patelnię grillową.
c) Połącz granola, masło orzechowe, margarynę, syrop klonowy i cynamon w średniej misce.
d) Przekrój jabłka na pół i włóż mieszankę muesli do zagłębień, starannie pakując.
e) Odwróć jabłka na patelnię Ready. Jabłka polać sokiem jabłkowym i grillować przez 1 godzinę lub do miękkości. Podawać na gorąco.

8. Grillowane Awokado i Jajka

Całkowity czas przygotowania: 5 minut

Całkowity czas gotowania: 12 minut

Wydajność: 4

Składniks

- 2 awokado, dojrzałe
- 2 łyżeczki oliwy z oliwek
- 4 jajka
- 1 łyżeczka soli
- 1 szczypta świeżego mielonego pieprzu
- Pietruszka do przybrania

Wskazówki

a) Rozgrzej grill przez 10 minut na średnim poziomie.

b) Pokrój każde awokado wzdłuż na pół. Wyjmij dół.

c) Każde awokado posmaruj oliwą z oliwek i połóż na grillu przodem do dołu. Pokrywa.

d) Po około dziesięciu minutach awokado powinno mieć doskonałe linie grillowe.

e) Gdy awokado jest już smaczne i grillowane, umieść je na aluminiowej tacy.

f) Wbij jajko do małej miski lub filiżanki, wyjmij żółtko łyżką i umieść je na środku każdego awokado.

g) Umieść aluminiową tacę na grillu.

h) Gotuj przez 12 minut lub do momentu, gdy żółtko się zetnie i ugotujesz według własnych upodobań. Ułóż je na półmisku łopatką i udekoruj natką pietruszki.

9. Jajka Wędzone

Całkowity czas przygotowania: 15 minut

Całkowity czas gotowania: 1 godzina 30 minut

CZAS CHŁODZENIA: 15 minut

Wydajność: 12 jaj

Składniks

- 12 jajek

Wskazówki

a) Rozgrzej wędzarnię do 325 stopni Fahrenheita.

b) Gotuj jajka bezpośrednio na rusztach grillowych przez 30 minut przy zamkniętej pokrywie.

c) Wyjmij ugotowane jajka i od razu włóż je do kąpieli lodowej. Całkowicie ostudzić, a następnie obrać.

d) Zmniejsz temperaturę palacza do 175 stopni F.

e) Wędzić przez co najmniej 30 minut lub do godziny, aby uzyskać mocniejszy smak wędzenia.

f) Podawaj jajka bez dodatków, z przyprawą BBQ lub jako wędzone jajka faszerowane.

10.   Jajko w Chlebie

Całkowity czas przygotowania: 1 min

Całkowity czas gotowania: 4 minuty

Wydajność: 1

Składniki

- 1 kromka chleba na osobę
- 1 łyżka oleju lub masła
- 1 jajko na osobę

Wskazówki

a) Wytnij otwór w środku chleba za pomocą foremki do ciastek, szklanki lub foremki do ciastek.

b) Naoliw płytę grzejną BBQ lub patelnię grillową i podgrzej ją do średniej. Na płycie grzejnej połóż chleb.

c) W otworze rozbij jajko.

d) Gotuj przez 3 minuty, aż jajko stwardnieje na dnie.

e) Aby zakończyć gotowanie, przewróć chleb z jajkiem na drugą stronę na 2 minuty.

f) Obsługiwać.

11. Fontina i grillowane warzywa Wrap śniadaniowy

Całkowity czas przygotowania: 8 minut

Całkowity czas gotowania: 13 minut

Wydajność: 2 porcje

Składnik

- ½ szklanki majonezu
- ¼ szklanki posiekanych liści bazylii
- Sok z 1 limonki
- 1 Cukinia
- 1 czerwony; papryka żółta lub pomarańczowa, pokrojona na ćwiartki
- 2 plastry czerwonej cebuli
- Oliwa z oliwek
- Sól i pieprz
- 2 szklanki posiekanej sałaty rzymskiej
- ½ funta sera Fontina; tarty
- 2 duże tortille z mąki

Wskazówki

a) W małej misce wymieszaj majonez, bazylię i sok z limonki.

b) Nałóż oliwę z oliwek na warzywa. Dopraw solą i pieprzem do smaku.

c) Na średnio rozgrzanym grillu ułóż warzywa.

d) Smaż przez dodatkowe 2-3 minuty z każdej strony lub do momentu, gdy zobaczysz ślady grilla.

e) Rozłóż mieszankę majonezu na tortille z mąki.

f) Sałatę ułożyć na tortilli, posypać serem i grillowanymi warzywami.

g) Zwiń i ciesz się.

12. Quiche z grillowanych warzyw

Całkowity czas przygotowania: 1 godzina

Całkowity czas gotowania: od 1 do 2 godzin

Wydajność: 6 porcji

Składnik

- 1 Gotowa skórka do ciasta
- 3 jajka
- 1 szklanka jasnego kremu
- ½ szklanki śmietanki ciężkiej
- ½ łyżeczki soli
- ½ łyżeczki pieprzu
- ¼ łyżeczki pieprzu Cayenne
- ¼ łyżeczki gałki muszkatołowej
- 6 uncji sera Gruyere; tarty
- 1½ szklanki grillowanych warzyw

Wskazówki

a) Posyp 4 uncje sera i grillowanych warzyw na spód niewypieczonej skórki i ułóż na blasze z bokami.

b) Wymieszaj pozostałe składniki z wyjątkiem sera.

c) Zalej warzywa i ser i posyp resztą sera.

d) Umieść na grillu, nieco z dala od bezpośredniego źródła ciepła.

e) Grilluj przez 35 do 45 minut lub do momentu, gdy quiche będzie nadęte i złocistobrązowe.

13.   Grillowana Focaccia i wegetariańska kanapka śniadaniowa?

Całkowity czas przygotowania: 10 minut

Całkowity czas gotowania: 10 minut

Wydajność: 1 porcja

Składnik

- Chleb Focaccia
- 1 średni bakłażan, pokrojony wzdłużnie
- 2 czerwone papryki, pokrojone na ćwiartki
- 2 łyżki oliwy z oliwek
- świeże liście rukoli lub sałatki dla dzieci
- majonez z całego jajka
- Parmezan i Bazylia do dekoracji

Wskazówki

a) Dopraw bakłażana solą; odcedzić w sitku przez pół godziny, następnie spłukać i osuszyć.

b) Usuń nasiona z czerwonej papryki i pokrój je na ćwiartki.

c) Posmaruj warzywa oliwą z oliwek przed umieszczeniem ich na grillu kanapkowym i zamknięciem go. Gotuj, aż warzywa będą ledwo miękkie.

d) Na grillu kanapkowym ułóż kanapkę świeżą rukolą lub liśćmi sałatki dla dzieci, grillowanymi warzywami i majonezem z całych jajek o smaku świeżej bazylii i czosnku.

e) Na wierzchu zetrzyj parmezan.

14. Grillowane Ziemniaki Śniadanie

Całkowity czas przygotowania: 5 minut

Całkowity czas gotowania: 40 minut

Wydajność: 4 porcje

Składniki

- 5 filiżanek posiekanych czerwonych lub jukonowych ziemniaków
- 1 żółta cebula
- 2 łyżeczki mielonego czosnku
- 1 łyżeczka sproszkowanego czosnku
- 1 łyżeczka soli morskiej
- ¾ łyżeczka przyprawy do starej zatoki
- 1 czerwona papryka
- 3 łyżki oliwy z oliwek
- 1 łyżeczka papryki
- szczypta czarnego pieprzu

Wskazówki

a) Rozgrzej piekarnik do 400 stopni Fahrenheita.

b) Pokrój ziemniaki, cebulę i paprykę na małe kawałki i wrzuć do dużej miski.

c) Wymieszaj z oliwą z oliwek i zmielonym czosnkiem, aż wszystko będzie dobrze pokryte.

d) Dodaj przyprawy, sól i czarny pieprz i mieszaj, aż dobrze się połączą.

e) Dodaj do naczynia do pieczenia lub patelni żeliwnej i piecz przez 30 minut. Nie musisz smarować naczynia do pieczenia, ponieważ wszystkie ziemniaki są posmarowane olejem!

f) Po 30 minutach zwiększ ogień do 425 Fahrenheita i piecz dodatkowe 15-20 minut, aby zrumienić ziemniaki i upewnić się, że środek jest w pełni ugotowany i miękki. Będziesz wiedział, że są gotowe, gdy można je łatwo przebić widelcem. Jeśli zauważysz, że wierzchy zbyt mocno się zrumienią, zanim środek zostanie w pełni ugotowany, przykryj folią. Czas pieczenia będzie się różnić w zależności od tego, jak duże/małe posiekałeś ziemniaki, więc miej na nie oko!

g) Podawaj z ketchupem, dodatkową solą, pieprzem, sałatką lub innymi przekąskami!

PRZYSTAWKI, PRZEKĄSKI I PRZYSTAWKI

15.   Smażone szaszłyki z papryki z cukinii

Całkowity czas przygotowania: 15 minut

Całkowity czas gotowania: 15 minut

Wydajność: 1 porcja

Składnik

- 1 duża czerwona papryka, bez pestek i posiekana
- 1 duża papryka, bez pestek i posiekana
- 1 Słodka cebula pokrojona w łódeczki
- 2 cukinie, grubo podzielone
- 2 łyżki oliwy z oliwek
- 2 ząbki czosnku, obrane i zmiażdżone

Wskazówki

a) Paprykę odsączyć z nasion i posiekać na kawałki, a następnie połączyć z ćwiartkami słodkiej cebuli i cukinią w naczyniu do serwowania.

b) Dodaj oliwę z oliwek i zmiażdżony czosnek i wymieszaj, aby połączyć.

c) Nałóż składniki na szaszłyki i gotuj przez 10-15 minut na grillu, aż warzywa będą po prostu miękkie.

16. Ogród na szpikulcu

Całkowity czas przygotowania: 10 minut

Całkowity czas gotowania: 10 minut

Wydajność: 6 porcji

Składnik

- 1 duży kłos kukurydzy; łuska Wyjęta, pokrojona na 2-calowe kawałki
- 12 dużych czapek z grzybami
- 1 umiarkowana Czerwona papryka; pokroić na 1-calowe kawałki
- 1 mała cukinia; nieobrane, pokrojone na 2-calowe kawałki
- 12 Pomidory czereśniowe

Sos Bastingowy

- ½ szklanki soku z cytryny
- 2 łyżki wytrawnego białego wina
- 1 łyżka oliwy z oliwek
- 1 łyżeczka kminku
- 2 łyżeczki świeżego szczypiorku
- 1 łyżeczka świeżej pietruszki
- Świeżo mielony pieprz; do smaku

Wskazówki

a) Rozgrzej grill na zewnątrz i umieść naoliwiony stojak 6 cali nad źródłem ciepła. Ustaw ogień na grillu gazowym na średni.

b) Namocz 6 drewnianych szaszłyków w ciepłej wodzie przez 15 minut, jeśli ich używasz. Dzięki temu szaszłyki nie zapalają się na szaszłykach podczas gotowania.

c) Warzywa ułożyć na szaszłykach.

d) Aby zrobić sos podlewkowy, połącz składniki do podlewania.

e) Grilluj szaszłyki warzywne przez 15 do 20 minut, często podlewając sosem, aż będą lekko zwęglone.

17.   Szaszłyki Halloumi

Całkowity czas: 45 minut

Wydajność: 1 porcja

Składnik

- 250 gramów Halloumi Podzielony na kawałki wielkości kęsa
- 500 gramów Mały; nowe ziemniaki; gotowany
- Sól i pieprz
- Oliwa z oliwek
- Szaszłyki do grilla
- 2 łyżki oliwy z oliwek
- 4 łyżki octu z białego wina
- Skórki z cytryny
- Kilka zielonych oliwek; drobno posiekane
- szczypta mielona kolendra
- Świeże liście kolendry; rozdarty
- 1 Ząbek czosnku; zgnieciony
- 1 łyżka musztardy pełnoziarnistej
- Sól i pieprz
- 50 gram sałatki ze świeżych ziół

Wskazówki

a) Ewentualnie szaszłyki na szaszłyki z kawałkami Halloumi i ziemniaków.

b) Skrop oliwą i dopraw solą i pieprzem.

c) Grilluj na grillu, aż kebaby będą dokładnie ugotowane.

d) W międzyczasie wymieszaj wszystkie składniki dressingu w słoiczku.

e) Ułóż kebaby na sałatce ze świeżych ziół i skrop dressingiem.

18. Szaszłyk z czerwonych ziemniaków

Całkowity czas przygotowania: 20 minut

Całkowity czas gotowania: 20 minut

Wydajność: 6 porcji

Składnik

- 2 funty czerwonych ziemniaków
- ½ szklanki wody
- ½ szklanki majonezu
- ¼ szklanki bulionu
- 2 łyżeczki suszonego oregano
- ½ łyżeczki Czosnek w proszku
- ½ łyżeczki cebuli w proszku

Wskazówki

a) Umieść ziemniaki w naczyniu nadającym się do kuchenki mikrofalowej.

b) Przykryj i mikrofaluj przez 12-14 minut na wysokich obrotach.

c) W misce połącz pozostałe składniki; dodaj ziemniaki i wstaw do lodówki na 1 godzinę.

d) Odcedzić marynatę.

e) Ziemniaki szaszłyki na szaszłyki metalowe lub szaszłyki bambusowe nasączone wodą.

f) Gotuj przez 4 minuty na średnim ogniu, bez przykrycia, następnie odwróć, posmaruj pozostałą marynatą i grilluj przez kolejne 4 minuty.

19. Grillowane szaszłyki warzywne z sosem do mopa

Całkowity czas przygotowania: 15 minut

Całkowity czas gotowania: 15 minut

Wydajność: 4 porcje

Składniki
Sos do Mopa
- 1/2 szklanki mocnej czarnej kawy
- 1/4 szklanki sosu sojowego
- 1/2 szklanki ketchupu
- 2 łyżki oliwy z oliwek
- 1 łyżeczka ostrego sosu
- 1 łyżeczka cukru
- 1/4 łyżeczki soli
- 1/4 łyżeczki świeżo zmielonego czarnego pieprzu

Warzywa
- 1 duża czerwona lub żółta papryka, pokrojona na 11,2-calowe kawałki
- 2 małe cukinie, pokrojone w 1-calowe kawałki
- 8 uncji świeżych małych białych grzybów, lekko opłukanych i osuszonych
- 6 umiarkowanych szalotek, przekrojonych wzdłuż na pół
- 12 dojrzałych pomidorków koktajlowych

Wskazówki

a) W małym rondelku połącz kawę, sos sojowy, ketchup, olej, ostry sos, cukier, sól i czarny pieprz. Gotuj przez 20 minut na małym ogniu.

b) Ułóż paprykę, cukinię, pieczarki, szalotki i pomidorki koktajlowe na szaszłykach w płytkim naczyniu do pieczenia.

c) Polać połową sosu do mopa na szaszłyki warzywa i pozostawić na 20 minut w marynacie w temperaturze pokojowej.

d) Umieść szaszłyki bezpośrednio nad źródłem ciepła na grillu.

e) Grilluj, aż warzywa się zrumienią i zmiękną, w sumie 10 minut, przewracając po połowie.

f) Przełóż na talerz i polej wszystko pozostałym sosem. Podawaj od razu.

20. Grillowane szaszłyki warzywne

Całkowity czas przygotowania: 20 minut

Całkowity czas gotowania: 20 minut

Wydajność: 4 porcje

Składniki
- 1 szklanka grubo pokrojonej w kostkę świeżej pietruszki
- 1 szklanka grubo pokrojonej świeżej kolendry
- 3 ząbki czosnku, zmiażdżone
- 1/2 łyżeczki mielonej kolendry
- 1/2 łyżeczki mielonego kminku
- 1/2 łyżeczki słodkiej papryki
- 1/2 łyżeczki soli
- 1/4 łyżeczki mielonej cayenne
- 3 łyżki świeżego soku z cytryny
- 1/3 szklanki oliwy z oliwek
- 1 umiarkowana czerwona papryka, pokrojona wzdłuż na kwadraty o średnicy 2,5 cm
- 1 mały bakłażan, pokrojony na 1-calowe kawałki
- 1 umiarkowana cukinia, pokrojona na 1-calowe kawałki
- 12 białych grzybów, lekko opłukanych i osuszonych
- 12 dojrzałych pomidorków koktajlowych

Wskazówki

a) Połącz pietruszkę, kolendrę i czosnek w mikserze lub robocie kuchennym i miksuj, aż będą drobno zmielone.

b) W misce wymieszać kolendrę, kminek, paprykę, sól, pieprz cayenne, sok z cytryny i olej. Miksuj aż do uzyskania całkowitej gładkości. Przenieś się do małej miski.

c) Rozgrzej grill.

d) Za pomocą szaszłyków nawlecz paprykę, bakłażana, cukinię i pieczarki.

e) Połowę sosu chermoula należy polać szaszłykami warzywami i pozostawić do zamarynowania na 20 minut w temperaturze pokojowej.

f) Połóż szaszłyki warzywne bezpośrednio nad źródłem ciepła na rozgrzanym grillu.

g) Grilluj, aż warzywa się zrumienią i zmiękną, w sumie 10 minut, przewracając po połowie.

h) Przełóż na talerz i polej wszystko pozostałym sosem. Podawaj od razu.

21. Grillowane kwadraty polenty

Całkowity czas przygotowania: 15 minut

Całkowity czas gotowania: 15 min

Wydajność: 8 porcji

Składnik

- 2 łyżki oliwy z oliwek z pierwszego tłoczenia
- ½ średniej wielkości czerwona cebula; drobno posiekane
- 2 ząbki czosnku; drobno posiekane
- 2 filiżanki bulionu; najlepiej domowej roboty
- 2 szklanki wody
- 1 łyżeczka gruboziarnistej soli morskiej
- 1 szklanka polenty lub grubo zmielonej żółtej mąki kukurydzianej
- ¼ łyżeczki Czarnego Pieprzu; Świeżo zmielony
- ⅓ kubek sera Cotija; Świeżo starty
- 2 łyżki masła niesolonego
- Oliwa z oliwek; do szczotkowania

Wskazówki

a) Rozgrzej oliwę z oliwek w dużym, ciężkim rondlu na małym ogniu. Cebulę podsmażamy przez około 3 minuty, a następnie dodajemy czosnek.

b) Zagotuj wywar, wodę i sól na dużym ogniu, od czasu do czasu mieszając.

c) Zmniejszyć ogień do niskiego poziomu i, gdy płyn się zagotuje, powoli skropić polentę cienkim strumieniem, ciągle mieszając.

d) Zmniejsz ogień do bardzo niskiego poziomu. Przełącz się na drewnianą łopatkę i mieszaj energicznie co 1 lub 2 minuty przez 25 do 30 minut lub do momentu, gdy ziarna polenty zmiękną, a mieszanina odsunie się od krawędzi patelni. Dodaj czarny pieprz, cotija i masło i dobrze wymieszaj.

e) Za pomocą wody opłucz i osusz patelnię o wymiarach 8 x 12 cali. Ułóż polentę na patelni i rozprowadź ją równomiernie na patelni gumową szpatułką zamoczoną w bardzo gorącej wodzie.

f) Odstawić na 1 godzinę w temperaturze pokojowej lub do 24 godzin w lodówce, przykryć ściereczką.

g) Nałóż olej na patelnię grilla. Polenta posmaruj oliwą z oliwek i pokrój na 8 równych kwadratów.

h) Przełóż kwadraty na patelnię grillową i smaż po 8 minut z każdej strony lub na złoty kolor.

22. Chrupnięcie z przekąskami z grilla

Całkowity czas przygotowania: 10 minut

Całkowity czas gotowania: 45 minut

Wydajność: 18 porcji

Składnik

- 3 łyżki margaryny lub masła; stopiony
- $\frac{1}{4}$ szklanki sosu grillowego
- $\frac{3}{4}$ łyżeczka soli czosnkowej
- $\frac{1}{4}$ łyżeczki przyprawy do grilla
- 7 filiżanek Quaker (płatki owsiane)
- 1 szklanka paluszków z precla
- 1 szklanka suchych grillowanych orzeszków ziemnych

Wskazówki

a) Rozgrzej grill do 250 stopni Fahrenheita.

b) Umieść płatki zbożowe, precle i migdały w patelni do galaretek o wymiarach 15 x 10 cali.

c) Rozpuść margarynę na małym rondlu na małym ogniu. Wmieszać sos barbecue, sól czosnkową i przyprawę grillową przez 3-5 minut lub do lekkiego zgęstnienia.

d) Polej płatki sosem barbecue. Wymieszaj, aby wszystko równomiernie pokryć.

e) Grilluj przez 1 godzinę, mieszając co 20 minut.

23. Serowe ciasteczka z przystawkami

Całkowity czas przygotowania: 10 minut

Całkowity czas gotowania: 14 minut

Wydajność: 1 porcja

Składnik

- 1 szklanka posiekanego ostrego sera cheddar.
- ½ szklanki majonezu lub zmiękczonego masła
- 1 Mąkę o wszechstronnym przeznaczeniu
- ½ łyżeczki soli
- 1 kreska mielonej czerwonej papryki

Wskazówki

a) Napełnij miarkę do połowy mąką.

b) Połącz ser, margarynę, mąkę, sól i czerwoną paprykę w średnim naczyniu.

c) Wstaw do lodówki na 1 godzinę.

d) Z ciasta zrób kulki o średnicy 1 cala.

e) Na nienatłuszczonej patelni umieść kulki w odległości 2 cali od siebie.

f) Spłaszcz widelcem.

g) Grilluj przez 10-12 minut i natychmiast podawaj.

24.   Chipsy przekąskowe z bajgla

Całkowity czas przygotowania: 20 minut

Całkowity czas gotowania: 5 minut

Wydajność: 6 porcji

Składnik

- 6 Zwykłe bułeczki
- 6 łyżek masła; zmiękczony
- 3 łyżeczki czosnku, posiekanego

Wskazówki

a) Połóż bajgiel płasko na desce do krojenia na segmenty.

b) Pokrój bajgla na pół pionowo ząbkowanym nożem. Połóż połówki przeciętą stroną do dołu na desce do krojenia. Pokrój połówki na cienkie segmenty o grubości 14 cali.

c) Umieść na grillu.

d) Połącz masło i czosnek w małym naczyniu i posmaruj segmentami bajgla.

e) Grilluj, aż wierzchy segmentów lekko się zrumienią. Pozostawić do schłodzenia na ruszcie.

25. Mieszanka chrupania z grilla

Całkowity czas przygotowania: 20 min

Całkowity czas gotowania: 1 godzina

Wydajność: 7 porcji

Składnik

- 1 szklanka Cheerios
- 1 szklanka rozdrobniona pszenica wielkości łyżki
- 1 szklanka Corn Chex lub otręby kukurydziane
- 1 szklanka precli
- ½ szklanki orzeszków ziemnych z grilla na sucho
- ½ szklanki nasion słonecznika
- 1 łyżka masła lub margaryny
- 1 łyżka sosu Worcestershire
- 1 łyżeczka chili w proszku
- 1 łyżeczka mielonego oregano
- 1 łyżeczka papryki
- 1 łyżeczka sosu Tabasco; lub do smaku
- ½ szklanki ziaren kukurydzy lub bryłek kukurydzy
- 1 szklanka Niskotłuszczowe paluszki sezamowe

Wskazówki

a) Rozgrzej grill do 350 stopni.

b) W dużej misce wymieszaj płatki zbożowe, precle, migdały i nasiona.

c) W małym naczyniu wymieszać masło, Worcestershire, chili w proszku, oregano, paprykę i tabasco. Polej sosem mieszankę płatków i dobrze wymieszaj.

d) Rozłóż na patelni grillowej i gotuj przez 15 minut, dwukrotnie mieszając. Ostudzić.

e) Połącz z ziarnami kukurydzy i paluszkami sezamowymi i podawaj.

26. Orzechy BBQ

Całkowity czas przygotowania: 5 minut

Całkowity czas gotowania: 25 minut

Wydajność: 8

Składnik

- 1 funt surowych migdałów
- 1 funt surowych orzechów laskowych
- 3 łyżki Tamari
- 1 łyżka mielonych chipotles
- 1 łyżeczka soli

Wskazówki

a) Dopraw orzechy solą i przyprawą chipotle.

b) Ułóż blachę do pieczenia i ułóż orzechy w jednej warstwie.

c) Wędzić przez 30 minut w 300 stopniach, mieszając co 15 minut.

d) Pozostawić do całkowitego ostygnięcia, aby uzyskać chrupiącą konsystencję.

27. S'mores na grillu

Całkowity czas przygotowania: 10 minut

Całkowity czas gotowania: 10 minut

Wydajność: 4 porcje

Składniki

- Garść krakersów Graham
- Garść batoników mlecznych lub gorzkiej czekolady
- Garść M i M
- Garść kubków z masłem orzechowym
- Garść czekolady
- Garść pianek

Wskazówki

a) Rozgrzej grill do średniego ustawienia.

b) Na płaskiej powierzchni umieść kawałek folii o wymiarach 10 na 12 cali.

c) Pokrusz krakersa graham i umieść go na folii.

d) Połóż wybrany cukierek na krakersie graham, a następnie posyp wybranymi przez siebie piankami.

e) Lekko zawinąć w folię i posypać pozostałymi pokruszonymi krakersami.

f) Podgrzewaj przez 2-3 minuty na grillu lub do momentu, aż pianka się rozpuści.

28.   S'mores z grillowaną papryką

Całkowity czas na przygotowanie 2 minuty

Całkowity czas gotowania 3 minuty

Wydajność: 6 porcji

Składnik

- 6 Papryki grillowane w całości; obrane
- ½ funta świeżej mozzarelli
- 1 pęczek rozmarynu
- Sól gruboziarnista; do smaku
- Świeżo zmielony czarny pieprz; do smaku
- 3 łyżeczki oliwy z oliwek

Wskazówki

a) W każdej papryce umieść kawałek sera.

b) Na koniec dodaj maleńką gałązkę rozmarynu, sól, pieprz i 1/2 łyżeczki oliwy z oliwek. Zamknij wierzch każdej papryki posiekaną częścią.

c) Rozgrzej grill na średnio-wysokim ogniu.

d) Połóż papryki na grillu i smaż przez 2 minuty z każdej strony, obracając szczypcami, aż ser się rozpuści. Zdejmij z ognia i umieść na talerzu do serwowania.

e) Skrop oliwą, dopraw solą i pieprzem, a na wierzch gałązką rozmarynu. Podawaj od razu.

29. Grillowane krążki pomidorowo-serowe

Całkowity czas: 30 minut

Wydajność: 4 porcje

Składnik

- 4 segmenty Chleb, biały
- 1 duży pomidor, wytarty i podzielony na segmenty
- 4 segmenty Koziego Sera Okrągłe 2 uncje każdy

Ubieranie się

- 2 łyżki oliwy z oliwek
- 2 łyżeczki soku z cytryny
- 1 łyżeczka octu balsamicznego
- Sól i świeży pieprz mielony
- Wybór liści sałaty

Wskazówki

a) Rozgrzej grill.

b) Pokrój cztery okrążenia z kawałków chleba 3-calowym okrągłym metalowym nożem, a następnie opiekaj w umiarkowanym piekarniku przez 1-2 minuty lub do uzyskania złotego koloru.

c) Ułóż tosty na wierzchu krążkami z pomidorów i koziego sera i podgrzewaj przez dodatkowe 4-5 minut, aż się zarumienią.

d) Połącz składniki dressingu, a następnie ułóż grillowane krążki z koziego sera na usłanej liściach sałaty na talerzach do serwowania.

e) Posyp dressingiem i od razu podawaj.

30. Grillowane segmenty sera pleśniowego

Całkowity czas: 30 minut

Wydajność: 8 segmentów

Składnik
- $\frac{1}{4}$ szklanki margaryny lub zmiękczonego masła
- $\frac{1}{4}$ szklanki pokruszonego sera pleśniowego
- 2 łyżki startego parmezanu
- $\frac{1}{2}$ bochenka chleba francuskiego, ciąć poziomo

Wskazówki

a) Połącz margarynę i sery.
b) Rozłóż masę serową po jednej stronie plastra.
c) Zawiń szczelnie w folię aluminiową.
d) Grilluj chleb przez 6 minut, obracając raz, w odległości 5 do 6 cali od umiarkowanych węgli.

31. Grillowana bruschetta serowa

Całkowity czas przygotowania: 15 minut

Całkowity czas gotowania: 15 minut

Wydajność: 4 porcje

Składnik

- 8 grubych kawałków chleba
- ¼ szklanki oliwy z oliwek
- 5 ząbków zmiażdżonego czosnku
- 1 szklanka sera Monterey Jack
- 8 uncji miękkiego koziego sera
- 2 łyżki czarnego pieprzu
- 2 łyżki oregano

Wskazówki

a) Posmaruj każdą kromkę chleba oliwą czosnkową.
b) Grilluj na złoty kolor, stroną z olejem do dołu.
c) Przed podaniem przykryj każdą sekcję 2 łyżkami stołowymi Monterey Jack, 1-uncjowym serem kozim, czarnym pieprzem i oregano.
d) Grilluj, aż ser zacznie się topić.

WARZYWA ZWYKŁE

32. Shiitake z Whisky i Miso-Marynatą

Całkowity czas przygotowania: 10 minut

Całkowity czas gotowania: 3 minuty

Wydajność: 6

Składniki

- 600g shiitake
- Marynata z whisky i miso
- 4 łyżki whisky
- 4 łyżki oleju rzepakowego
- 2 łyżki ciemnego miso
- 2 łyżki tamari
- sok z ½ limonki
- 1 łyżka cukru trzcinowego
- 1 ząbek czosnku
- 1 łyżeczka oleju sezamowego

Służyć

- 6 żółtek jajek
- płatki soli morskiej

Wskazówki

a) Za pomocą robota kuchennego połącz wszystkie składniki marynaty.

b) Pieczarki oczyścić i pokroić w grube plastry. Posmaruj je marynatą i ułóż na blasze do pieczenia.

c) Rozgrzej grill.

d) Pieczarki grillujemy, przewracając je na drugą stronę i w razie potrzeby pokrywając dodatkową marynatą. Pieczarki są gotowe, gdy przybiorą piękny, karmelizowany, złotobrązowy kolor.

e) Połóż pieczarki na talerzu. Na środek półmiska ułóż żółtko i udekoruj tymiankiem, płatkami soli morskiej i płatkami bławatka.

33. Bakłażan marynowany w piwie z Shiitake

Całkowity czas przygotowania: 10 minut

Całkowity czas gotowania: 25 minut

Wydajność: 6

Składniki

Bakłażan marynowany w piwie

- 3 duże bakłażany
- 330 ml piwa
- 2 ząbki czosnku, lekko zmiażdżone
- 2 łyżki octu słodowego
- 2 łyżeczki soli

Sos pomidorowy

- 6 dużych pomidorów
- 2 łyżki oliwy z oliwek
- 2 małe żółte cebule, drobno posiekane
- 1 łyżka przecieru pomidorowego
- 1 łyżka octu z białego wina
- 1 łyżka sproszkowanego rokitnika
- 100 ml wywaru z grzybów
- Shiitake w maśle
- 2 łyżki oleju rzepakowego

- 300g shiitake
- 2 łyżki masła niesolonego
- 1 łyżka whisky
- Sól

Służyć

- 2-3 gałązki kolendry

Wskazówki

a) W plastikowej torebce połącz marynowane składniki, a następnie dodaj plastry bakłażana.

b) Przechowywać w lodówce przez 7-8 godzin.

c) Pokrój na pół i drobno zetrzyj pomidory do miski.

d) Na średniej wielkości patelni rozgrzej oliwę z oliwek i delikatnie zrumień cebulę.

e) Po dodaniu przecieru pomidorowego lekko podnieś temperaturę.

f) Wlej ocet, puder z rokitnika, wywar z grzybów i starte pomidory. Zmniejsz ogień, dopraw solą do smaku i gotuj przez 20-30 minut.

g) Usuń marynowane plastry bakłażana i grilluj, aż uzyskają skórkę i głęboki kolor.

h) Na patelni rozgrzej olej rzepakowy, aż zacznie dymić. Dodaj pieczarki i smaż, aż zaczną się brązowieć. Zmniejsz ogień i dodaj masło.

i) Podawać na półmisku lub w misce. Na plasterki bakłażana polać sosem pomidorowym, a następnie posypać pieczarkami i kolendrą.

34.   Grillowane Szparagi z Burratą, Żółtkiem i Sosem Kumkwat

Całkowity czas przygotowania: 10 minut

Całkowity czas gotowania: 5 minut

Wydajność: 6

Składniki

- 1 kg szparagów
- 2 łyżki oleju rzepakowego
- Sos kumkwatowy
- 12 kumkwatów, pokrojonych
- 2 łyżki startej kurkumy
- 1 laska wanilii podzielona wzdłuż
- anyż 3-gwiazdkowy
- 100 ml miodu
- 300 ml wody

Służyć

- 6 kulek burraty
- 6 żółtek jajek
- 6 łyżek kaszy gryczanej prażonej
- 6 łyżeczek Por Ash

Wskazówki

a) W rondelku na dużym ogniu zagotuj wszystkie składniki przez 10 minut.

b) Za pomocą sitka przecedź sos do miski.

c) Połącz w misce przycięte szparagi z olejem rzepakowym.

d) Umieść szparagi na grillu. Rzuć je tam i z powrotem przez 5 minut, uważając, aby ich nie przypalić. Gdy lekko poczerniały, zdejmij je z grilla.

e) Rozerwij kulkę burraty na pół rękami. Umieść go na tacy i odłóż na bok, aby odsączyć krem. Połóż obok niego kupkę szparagów, pokryj żółtkiem jajka, a następnie pokrój w burratę, aż żółtko wypłynie.

f) Skrop 3-4 łyżki sosu kumkwatowego na wierzch.

35.   Solanka wschodnia z grillowanymi warzywami

Całkowity czas przygotowania: 10 minut

Całkowity czas gotowania: 2 godziny

Wydajność: 2 1/2 filiżanki

Składnik

- 6 ząbków czosnku; mielony
- 2 łyżki imbiru; mielony
- 2 limonki
- ½ szklanki liści mięty; pokrojone w kostkę
- ½ szklanki kolendry; pokrojone w kostkę
- ½ szklanki bazylii; pokrojone w kostkę
- 3 Zieloną cebulę; mielony
- 8 papryczek serrano; mielony
- ½ szklanki oliwy z oliwek
- ½ szklanki sherry; suchy
- ¼ szklanki sosu ostrygowego
- ¼ szklanki sosu sojowego
- ¼ szklanki miodu
- 1 łyżka sosu chili

Wskazówki

a) Wyjmij i zetrzyj skórkę z limonek i sok z limonek.

b) Wymieszaj składniki i marynuj.

c) Grilluj przez 2 godziny obracając od czasu do czasu i posmaruj solanką.

36.   Grillowany Kalafior z Gremolatą

Całkowity czas przygotowania: 20 minut

Całkowity czas gotowania: 30 minut

Wydajność: 6

Składniki

- 2 główki kalafiora
- 100 ml oleju rzepakowego
- 150 g niesolonego masła
- Sól
- Gremolata
- 6 łyżek drobno posiekanej natki pietruszki
- 2 łyżki orzeszków piniowych, prażonych
- 1 łyżka drobno posiekanej zielonej papryczki chili
- 1 łyżka drobno posiekanego czosnku
- 1 cytryna, drobno skórka
- płatki soli morskiej
- 90g białych porzeczek

Wskazówki

a) Nieco mniejszy arkusz pergaminu połóż na nieco większym arkuszu folii kuchennej, aby ugotować w nim kalafior.

b) W naczyniu miksującym wymieszać wszystkie składniki gremolaty.

c) Posmaruj każdy plasterek kalafiora olejem z obu stron.

d) Ułóż je na pergaminie, posmaruj masłem i dopraw solą. Grill.

e) Złóż w zapieczętowaną paczkę i umieść ją z powrotem na grillu – najlepiej w mniej nagrzanej pozycji – przed zamknięciem pokrywy.

f) Po 30 minutach otwórz opakowanie i sprawdź, czy kalafior nabrał cudownego złotobrązowego koloru.

g) Na każdym talerzu połóż po jednym plastrze kalafiora, a następnie posyp hojną łyżką gremolaty i białej porzeczki.

37. Grillowany Groszek i Dymka z Kiełkami Fasoli

Całkowity czas przygotowania: 5 minut

Całkowity czas gotowania: 20 minut

Wydajność: 6

Składniki

- 12 małych dymek
- 3 łyżki oliwy z oliwek
- 1 kg groszku w strąkach
- 125 g kiełków fasoli
- 10g posiekanych listków mięty
- płatki soli morskiej

Wskazówki

a) Dymkę podzielić wzdłuż, zachowując jak najwięcej liści.

b) Posmaruj odcięte krawędzie dymki olejem.

c) Połóż cebule dymki na ruszcie i smaż przez 10 minut, aż zaczną mięknąć i nabiorą koloru.

d) Odwróć je i gotuj przez kolejne 5 minut po drugiej stronie. Odłóż cebulę dymkę w dużym naczyniu miksującym.

e) Umieść groszek w strąkach na grillu i smaż, aż strąki zaczną czernieć, 5 minut. Pozostaw na kolejne 5 minut po ich odwróceniu.

f) Wyjmij groszek ze strąków, gdy ostygnie na tyle, aby można go było sobie z nimi poradzić i wrzuć go do miski z dymką.

g) Wlej pozostały olej do miski, a następnie kiełki fasoli i miętę.

h) Dopraw solą i mieszaj, aż wszystko będzie przewiewne – najlepiej rękoma.

38.   Shiitake z grilla na węglu drzewnym

Całkowity czas: 10 minut

Wydajność: 4 porcje

Składniks

- 8 uncji Shiitake, umytych i wyrzuconych łodyg
- 1 łyżka oliwy z oliwek
- 1 łyżka Tamari
- 1 łyżka pokruszonego czosnku
- 1 łyżeczka mielonego rozmarynu
- Sól i czarny pieprz
- 1 łyżeczka syropu klonowego
- 1 łyżeczka oleju sezamowego
- Edamame

Wskazówki

a) Pieczarki marynować przez 5 minut z pozostałymi składnikami.

b) Grilluj czapki nad żarem, aż się delikatnie zrumienią.

c) Top z Edamame.

39. Warzywa z grillowanego konfetti

Całkowity czas: 20 minut

Wydajność: 4 porcje

Składniks

- 8 Pomidory czereśniowe; - o połowę, do 10
- $1\frac{1}{2}$ szklanki kukurydzy wyciętej z kolby
- 1 Słodka czerwona papryka; Julien
- $\frac{1}{2}$ umiarkowanej zielonej papryki; Julien
- 1 mała cebula; Segmentowane
- 1 łyżka świeżej bazylii; pokrojone w kostkę
- $\frac{1}{4}$ łyżeczki startej skórki z cytryny
- Sól i pieprz; do smaku
- 1 łyżka + 1 łyżeczka masła niesolonego lub; margaryna; wcinać się

Wskazówki

a) W dużej misce wymieszaj wszystkie składniki oprócz masła; delikatnie wymieszać do połączenia.

b) Umieść każdą połówkę na środku grubej folii aluminiowej.

c) Warzywa posmarować masłem.

d) Połącz rogi folii i przekręć, aby uszczelnić.

e) Opakowania foliowe grilluj przez 15 do 20 minut na umiarkowanie gorących węglach lub do ugotowania warzyw.

f) Podawaj od razu.

40. Spadek warzyw na grillu

Całkowity czas przygotowania: 20 minut

Całkowity czas gotowania: 30 minut

Wydajność: 1 porcja

Składniks

- 2 Pieczenie ziemniaków, obrane i pokrojone w kostkę
- 2 Słodkie ziemniaki, obrane i pokrojone w kostkę
- 1 dynia żołędziowa, obrane i pokrojone w kostkę
- $\frac{1}{4}$ szklanki masła; stopiony
- 3 łyżki oleju roślinnego
- 1 łyżka tymianku
- Sól i pieprz do smaku

Wskazówki

a) Przygotuj grill do grillowania pośredniego.

b) W misce wymieszaj warzywa, olej, sól i pieprz.

c) Na małym talerzu wymieszać masło i tymianek.

d) Umieść warzywa na grillu.

e) Gotuj przez 15 minut z zamkniętą górą.

f) Odwrócić, posmarować masłem i tymiankiem i gotować przez kolejne 15 minut, aż warzywa będą miękkie.

41. Grillowana dynia żołędziowa i szparagi

Całkowity czas przygotowania: 10 min

Całkowity czas gotowania: 25 min

Wydajność: 1 porcja

Składniki

- 4 dynia żołędziowa
- Sól; do smaku
- Pieprz; do smaku
- 4 gałązki rozmarynu
- 4 łyżki cebuli; mielony
- 4 łyżki selera; mielony
- 4 łyżki marchewki; mielony
- 4 łyżki oliwy z oliwek
- 2 szklanki wywaru warzywnego
- 1 funt komosy ryżowej; umyty
- 2 funty świeżych grzybów leśnych
- 2 funty szparagów

Wskazówki

a) Natrzyj solą, pieprzem, olejem i rozmarynem całe wnętrze dyni żołędziowej.

b) Grilluj przez 8 minut twarzą do dołu.

c) Odwróć, gotuj przez 20 minut pod przykryciem, z rozmarynem w środku.

d) W rondelku usmaż cebulę, seler, marchew i 1 łyżkę oliwy z oliwek.

e) Dodaj bulion i komosę ryżową i zagotuj. Gotuj przez 10 minut z całkowicie zamkniętą pokrywką. Odkryć dynię i nadziać ją mieszanką z komosy ryżowej. Gotuj przez kolejne dziesięć minut.

f) Pieczarki i szparagi wymieszać z lekką warstwą oliwy z oliwek, soli i pieprzu.

g) Grilluj przez 3 minuty z każdej strony.

h) Podawaj kabaczek z komosą ryżową w środku oraz szparagami i grzybami.

42. Bakłażan z wędzonymi pomidorami i orzeszkami pinii

Całkowity czas przygotowania: 30 minut

Całkowity czas gotowania: 30 minut

Wydajność: 6

Składniki

- 6 średnich bakłażanów
- 3 cytryny
- 400 ml wody
- 1 łyżeczka soli
- 2-3 ząbki czosnku, zmiażdżone
- 1 gałązka pietruszki
- 1 gałązka lubczyku
- 1 łyżeczka czarnego pieprzu
- 1 łyżeczka nasion kolendry
- 12 wędzonych pomidorów
- 2 uncje. orzeszki pinii, prażone
- 1 gałązka pietruszki

Wskazówki

a) Po przebiciu bakłażana w kilku miejscach, umieść je bezpośrednio na rozgrzanym węglu drzewnym.

b) Piecz bakłażany przez 15 minut lub do momentu, gdy skórka się upiecze, a miąższ będzie miękki.

c) Pokrój cytryny na pół i ugotuj je pokrojoną stroną do dołu, aż nabiorą koloru.

d) Gdy bakłażany ostygną, obierz je, upewniając się, że usunięto całą zwęgloną skórkę.

e) W rondelku zagotuj wodę i sól. Zdejmij patelnię z ognia. Teraz należy dodać czosnek, pietruszkę, lubczyk, ziarna pieprzu i kolendrę.

f) Dodaj pozostały płyn z bakłażana i wędzony olej z pomidorów.

g) Na każdym talerzu połóż plasterek bakłażana i dwa wędzone pomidory. Na wierzch dodaj łyżkę orzeszków piniowych. Dodaj trochę bulionu, pół cytryny i natkę pietruszki.

43. Pieczony Czerwony Burak z Fetą i Dukkah

Całkowity czas przygotowania: 20 minut

Całkowity czas gotowania: 1 godzina

Wydajność: 6

Składniki

- 6 małych czerwonych buraków
- 6 kromek chleba na zakwasie
- masło niesolone
- 2 uncje. feta, najlepiej z koziego mleka
- 6 łyżeczek Dukkah
- świeże mieszanki ziół, np. oregano, pietruszka, shiso i bazylia
- płatki soli morskiej

Wskazówki

a) Podnieś buraki i połóż je na grillu pozbawionym węgla drzewnego.

b) Zamknij pokrywkę i piecz przez 1 godzinę na pośrednim ogniu, aż buraki będą miękkie po lekkim naciśnięciu.

c) Gdy buraki ostygną na tyle, że można je sobie poradzić bez poparzenia, obierz je.

d) Posmaruj masłem kawałki chleba, a następnie szybko grilluj je z jednej strony bez masła, odwróć je i podgrzej, aż pojawią się wyraźne paski grilla.

e) Pokrój buraki i posyp pokruszoną fetą. Umieść je na grillu na kilka minut, aby roztopić ser.

f) Połóż kilka plasterków buraka z fetą na każdej kromce tostów, posyp dukką, ziołami i płatkami soli morskiej i podawaj.

44. Warzywa z grilla w solance

Całkowity czas przygotowania: 15 minut

Całkowity czas gotowania: 1 godzina

Wydajność: 6 porcji

Składnik

- 2 szklanki oliwy z oliwek z pierwszego tłoczenia
- ½ szklanki octu balsamicznego
- 2 łyżki mielonej szalotki
- 1 łyżka mielonej pasty czosnkowej
- ½ szklanki szyfonady bazylii
- 1 główka cykorii; poćwiartowane
- 2 kreolskie pomidory; Segmentowane 1/4 grubości
- 1 czerwona cebula; Segmentowane 1/4 pierścieni
- 1 cukinia; Segmentowane 1/4 grubości
- 2 szklanki posegregowanych grzybów leśnych
- 1 żółta dynia; Segmentowane 1/4 grubości
- ½ funta szparagów; zblanszowane
- 1 sól; do smaku
- 1 świeżo zmielony czarny pieprz; do smaku

Wskazówki

a) Podgrzej grill. Dopraw warzywa 2 łyżkami oliwy z oliwek, solą i pieprzem.

b) Ułóż wszystkie warzywa na grillu (oprócz grzybów) i grilluj przez 2 minuty z każdej strony.

c) W naczyniu miksującym wymieszaj razem oliwę z oliwek, ocet, szalotki, czosnek i bazylię. Dopraw solankę solą i pieprzem.

d) Wyjmij warzywa z grilla. W szklanym naczyniu do sufletu układaj na przemian różne warzywa. Warzywa zalać solanką i pozostawić do marynowania przez 12 godzin lub przez całą noc.

45. Grillowane warzywa chimichurri

Całkowity czas przygotowania: 30 minut

Całkowity czas gotowania: 15 minut

Wydajność 4 porcje

Składniki

- 2 średnie szalotki, pokrojone na ćwiartki
- 3 ząbki czosnku, zmiażdżone
- 1/3 szklanki świeżej natki pietruszki
- 1/4 szklanki świeżych liści bazylii
- 2 łyżeczki świeżego tymianku
- 1/2 łyżeczki soli
- 1/4 łyżeczki świeżo zmielonego czarnego pieprzu
- 2 łyżki świeżego soku z cytryny
- 1/2 szklanki oliwy z oliwek
- 1 umiarkowana czerwona cebula, przekrojona wzdłuż na pół, a następnie pokrojona na ćwiartki
- 1 umiarkowany słodki ziemniak, obrany i pokrojony w 1/2-calowe segmenty
- 1 mała cukinia, pokrojona ukośnie na segmenty o grubości 1/2 cala
- 2 dojrzałe banany, przekrojone wzdłuż na pół, a następnie przekrojone na pół poziomo

Wskazówki

a) Rozgrzej grill.

b) Wymieszaj szalotki i czosnek w mikserze lub robocie kuchennym, aż zostaną drobno zmielone.

c) Pulsuj, aż pietruszka, bazylia, tymianek, sól i pieprz zostaną drobno zmielone. Miksuj, aż sok z cytryny i oliwa z oliwek dobrze się połączą. Przenieś się do małej miski.

d) Posmaruj warzywa sosem Chimichurri.

e) Połóż je na grillu, aby ugotować.

f) Kontynuuj grillowanie, aż warzywa będą miękkie, 10 do 15 minut na wszystko oprócz bananów, co powinno być zrobione w 7 minut.

g) Podawaj natychmiast z odrobiną resztek sosu.

DODATKI

46. Grillowane pory z szampanem

Całkowity czas przygotowania: 10 minut

Całkowity czas gotowania: 23 minuty

Wydajność: 4 porcje

Składniki

- 6 przecieków średniej wielkości, przyciętych
- 2 łyżki oliwy z oliwek
- 1 szklanka świeżego tymianku; z grubsza pokrojone w kostkę
- 2 szklanki szampana
- 1 szklanka wywaru
- 1 szklanka pokruszonego sera feta
- Sól i pieprz; do smaku

Wskazówki

a) Rozgrzej oliwę z oliwek w dużej patelni Sear na średnim ogniu.

b) Dodaj tymianek do rozgrzanego oleju i mieszaj przez 1 minutę. Smaż pory przez 3 minuty lub do momentu, gdy będą delikatnie zarumienione ze wszystkich stron.

c) Dodaj szampana i bulion i gotuj, aż pory będą miękkie, około 8 minut. Usuń pory z patelni i odłóż je na bok.

d) Resztę sosu dusić na patelni, aż zmniejszy się o połowę.

e) W międzyczasie grilluj pory przez 8 do 10 minut na umiarkowanie gorącym ogniu na węgiel drzewny, obracając kilka razy.

f) Pory wyjąć z grilla i pokroić wzdłuż na pół.

g) Podawać od razu, każdą porcję posypać fetą i skropić zredukowanym sosem.

47. Serowe ziemniaki z grilla

Całkowity czas przygotowania: 10 minut

Całkowity czas gotowania: 35 minut

Wydajność: 4 porcje

Składniki

- 3 czerwone ziemniaki, każdy pokrojony na 8, kliny wzdłużne
- 1 Cebula, cienko podzielona
- 2 łyżki oliwy z oliwek
- 1 łyżka pokrojonej w kostkę świeżej pietruszki
- ½ łyżeczki Czosnek w proszku
- ½ łyżeczki soli
- ½ łyżeczki grubo zmielonego pieprzu
- 1 szklanka posiekanego sera cheddar lub sera Colby-jack

Wskazówki

a) W dużym naczyniu wymieszać ósemki ziemniaczane, cebulę, olej, pietruszkę, proszek czosnkowy, sól i pieprz.

b) Umieść w jednej warstwie w foliowej patelni grillowej. Przykryj drugą patelnią foliową. Użyj folii, aby wzmocnić uszczelnioną krawędź pakietu.

c) Umieść na grillu na średnim ogniu i gotuj przez 40 do 50 minut lub do miękkości, od czasu do czasu potrząsając opakowaniem i obracając do góry nogami w połowie grillowania. Zdejmij pokrywę i nałóż ser.

d) Gotuj 3 do 4 minut dłużej pod przykryciem, aż ser się rozpuści.

48. Grillowana dynia i cukinia

Całkowity czas przygotowania: 10 minut

Całkowity czas gotowania: 15 minut

Wydajność: 4 porcje

Składniki

- ¼ szklanki oliwy z oliwek
- 1 łyżka mielonego czosnku
- ¼ szklanki zmielonej świeżej papryczki chili
- 2 łyżki nasion Comino
- Sól i pieprz do smaku
- 2 umiarkowane cukinie, pokrojone na długość
- 2 umiarkowanie Letnia dynia, cięcie
- ¼ szklanki oliwy z oliwek
- ⅓ szklanka świeżego soku z limonki
- 3 łyżki miodu
- ¼ szklanki grubo pokrojonej w kostkę świeżej kolendry
- Sól i pieprz do smaku

Wskazówki

a) Aby zrobić dressing, wymieszaj wszystkie składniki w małym naczyniu i odstaw.

b) W średniej misce wymieszaj oliwę z oliwek, czosnek, papryczkę chile i nasiona Comino. Dokładnie wymieszaj dynię i deski z cukinii, aż kabaczki się przykryją.

c) Rozgrzej grill do średniej wysokości i gotuj kabaczki przez około 3 minuty z każdej strony lub do całkowitego zrumienienia.

d) Zdejmij kabaczki z grilla, połóż je na półmisku i skrop dressingiem przed podaniem.

49. Grillowany bok Choy

Całkowity czas przygotowania: 10 minut

Całkowity czas gotowania: 15 minut

Wydajność: 6

Składniks

- 2 głowice bok choy
- $\frac{1}{4}$ szklanki octu ryżowego
- 1 łyżka sosu chili
- Sól i pieprz
- $\frac{3}{4}$ szklanka oleju roślinnego
- 2 szalotki; pokrojone w kostkę
- 2 łyżki sezamu

Wskazówki

a) W naczyniu wymieszać ocet, sos chili oraz sól i pieprz.

b) Dodaj olej. Dodaj cebulę i sezam i dobrze wymieszaj.

c) Rozgrzej grill i umieść kawałki bok choy na 2 do 5 minut, aż będą chrupiące i miękkie.

50. Marchew pieczona na węglu drzewnym z bulionem lubczykowym

Całkowity czas na przygotowanie: 15 minut

Całkowity czas gotowania: 15 minut

Wydajność: 6

Składniki

- 6 średnich marchewek, najlepiej fioletowych

Bulion lubczykowy

- 2 litry bulionu warzywnego
- 1 kawałek kurkumy pokrojony w plastry ze skórką
- 1 łyżeczka czarnego pieprzu
- 1 łyżeczka nasion kolendry
- 1 łyżeczka pieprzu syczuańskiego
- 1 łyżka octu z białego wina
- 1 gałązka lubczyku
- płatki soli morskiej

Służyć

- lubczyk
- liście pietruszki
- rukiew wodna
- olej rzepakowy tłoczony na zimno

Wskazówki

a) Zagotuj wywar warzywny, kurkumę, ziarna pieprzu, nasiona kolendry i pieprz syczuański. Dodaj lubczyk i ocet.

b) Zamieszać kilka razy, przykryć i odstawić na 20 minut. Odcedź i dopraw solą i pieprzem.

c) Napełnij grill do połowy węglem drzewnym lub polanami, abyś mógł później upiec marchewki przy użyciu pośredniego ciepła. Rozpal grill, a po rozgrzaniu umieść marchewki bezpośrednio na węglach, aby zewnętrzna warstwa mogła się przypalić. Za pomocą szczypiec obrócić wiele razy.

d) Podnieś marchewki i połóż je na grillu pozbawionym węgla drzewnego. Zamknij pokrywkę i piecz przez 30 minut na pośrednim ogniu.

e) Pokrój marchewki w plastry o grubości 1 cm.

f) Udekoruj bulionem i kilkoma kroplami pachnącego, tłoczonego na zimno oleju rzepakowego po ułożeniu plastrów marchwi, ziół i rukwi wodnej.

51. Grillowane szparagi

Całkowity czas przygotowania: 15 minut

Całkowity czas gotowania: 3 minuty

Wydajność: 4

Składniki

- 1 pęczek szparagów
- 1/2 szklanki octu balsamicznego
- sól kuchenna

Wskazówki

a) Rozgrzej grill, gaz lub węgiel.

b) Odczekaj 15-30 minut, aż ocet wsiąknie w szparagi. Marynować przez 1 godzinę, aby uzyskać optymalny smak.

c) Powoli połóż szparagi na górnej ruszcie grilla.

d) Gotuj, aż będzie chrupiąca i pięknie zrumieniona.

52. Grillowane pieczarki Portobello

Całkowity czas przygotowania: 10 minut

Całkowity czas gotowania: 6 minut

Wydajność: 4 porcje

Składniki

- 4 grzyby Portobello
- 1/2 szklanki czerwonej papryki, posiekanej
- 1 ząbek czosnku, posiekany
- 4 łyżki oliwy z oliwek
- 1/4 łyżeczki cebuli w proszku
- 1 łyżeczka soli
- 1/2 łyżeczki mielonego czarnego pieprzu

Wskazówki

a) Rozgrzej zewnętrzny grill na średnim ogniu i lekko nasmaruj ruszt grilla.

b) Umyj grzyby i usuń szypułki.

c) Połącz czerwoną paprykę, czosnek, olej, cebulę w proszku, sól i mielony czarny pieprz w dużej misce.

d) Nałóż miksturę na grzyby.

e) Grilluj przez 15 do 20 minut na pośrednim ogniu lub z boku rozżarzonych węgli.

53. Grillowane frytki z przyprawami

Całkowity czas przygotowania: 30 minut

Całkowity czas gotowania: 15 minut

Wydajność: 4 do 6 porcji

Składnik

- 1 funt ziemniaków, podzielony na frytki i parboiled
- 3 łyżki oliwy z oliwek
- 3 łyżki oleju roślinnego
- 2 ząbki czosnku, mielone
- 1 szczypta Cayenne
- Sól i pieprz
- $1\frac{1}{2}$ łyżeczki chili w proszku

Wskazówki

a) Połącz mieszankę przypraw.

b) Ugotowane ziemniaki odcedź i natychmiast wrzuć do przygotowanej mieszanki przypraw.

c) Delikatnie wymieszaj i przełóż na gorący grill.

d) Grilluj frytki na rozżarzonych węglach.

e) Podlej ziemniaki resztkami mieszanki przypraw, gdy będą dalej gotować.

54. Pieczone ziemniaki z grilla

Całkowity czas przygotowania: 15 minut

Całkowity czas gotowania: 34 minuty

Wydajność: 2

Składniki

- 6 Pieczenie ziemniaków
- 1 Cebula; posiekany
- 4 uncje Zielone chili
- 4 uncje Czarne oliwki; posiekany
- 1/4 łyżeczki Czosnek w proszku
- 1/2 łyżeczki pieprzu cytrynowego
- Folia aluminiowa

Wskazówki

a) Pieczone ziemniaki wyszoruj i pokrój w plastry, ale nie zostawiaj skórki.

b) Równomiernie rozprowadź składniki na foliowych kwadratach.

c) Uszczelnij końce zakładając folię.

d) Grilluj przez 45-55 minut na grillu grillowym.

55. Grillowana cebula

Całkowity czas przygotowania: 10 minut

Całkowity czas gotowania: 45 minut

WYDAJNOŚĆ: 2 filiżanki

Składniki

- 6 umiarkowanych cebuli, obranych
- 6 łyżek masła lub oleju
- Sól
- Świeżo zmielony czarny pieprz

Wskazówki

a) Połowę cebuli i połóż na wysmarowanej tłuszczem ruszcie.

b) Posmaruj masłem i gotuj przez 45 minut, posypując w razie potrzeby większą ilością masła lub oleju, aby utrzymać wilgoć.

c) Dopraw solą i pieprzem do smaku

d) Podawaj na ciepło lub na zimno.

56.   Grillowane szalotki w sosie migdałowym

Całkowity czas przygotowania 15 minut

Całkowity czas gotowania 35 minut

Wydajność: 6 porcji

Składniki

- 24 szalotki; przycięte końce korzeni
- 3 łyżki podprażonych migdałów
- 2 Pomidory śliwkowe; z grubsza pokrojone w kostkę
- 2 ząbki czosnku; cienko podzielony na segmenty
- 1 łyżka papryki hiszpańskiej
- 10 listków mięty
- 2 łyżki świeżej pietruszki; pokrojone w kostkę
- $\frac{1}{4}$ szklanki oliwy z oliwek z pierwszego tłoczenia
- 2 łyżki octu

Wskazówki

a) Rozgrzej grill.

b) Umieść szalotki na chłodniejszej stronie grilla i smaż przez 2 minuty z każdej strony, aż do uzyskania ciemnozielonej i miękkiej konsystencji.

c) W moździerzu wymieszać migdały, pomidory, czosnek, paprykę, miętę i pietruszkę.

d) Umieścić w naczyniu miksującym po zmieleniu na drobną pastę. Ubij w occie.

e) Zdejmij szalotki z grilla i wrzuć je do naczynia.

f) Podawać na ciepło lub na zimno.

57. pieczony jarmuż

Całkowity czas: 30 minut

Wydajność: około 8-10

Składniki

- 500g jarmużu
- 4 małe ząbki czosnku
- ½ szklanki oliwy z oliwek
- sól morska i świeżo zmielony czarny pieprz

Wskazówki

a) Rozgrzej piekarnik do 120 stopni Celsjusza (250 stopni Fahrenheita/Gaz 12).

b) Skrop oliwą z oliwek liście jarmużu i czosnek na blasze do pieczenia. Dopraw do smaku solą i pieprzem.

c) Grilluj przez 20 minut, z dala od ognia.

d) Usuń upieczone liście i umieść je na ruszcie, aby ostygły, używając pergaminu do wyłapania nadmiaru oleju.

SAŁATKI

58. Sałatka z rukoli i warzyw z grilla

Całkowity czas przygotowania: 10 minut

Całkowity czas gotowania: 20 minut

Wydajność: 8 porcji

Składniks

- 1½ szklanki oliwy z oliwek
- ¼ szklanki soku z cytryny
- ¼ szklanki octu balsamicznego
- ¼ szklanki świeżych ziół
- 4 krople sosu Tabasco
- Sól i pieprz do smaku
- 2 czerwone papryki; o połowę
- 3 Pomidory śliwkowe; o połowę
- 2 umiarkowane Czerwona cebula
- 1 mały bakłażan; Segmentowane
- 10 Pieczarek
- 10 małych czerwonych ziemniaków; gotowany
- ⅓ filiżanka oliwy z oliwek
- Sól i pieprz do smaku
- 3 pęczki rukoli; umyte i wysuszone
- 1 funt mozzarelli; cienko podzielony na segmenty

- 1 szklanka czarnej oliwki; dziobaty

Wskazówki

a) W naczyniu wymieszać oliwę, sok z cytryny, ocet, zioła, sos Tabasco oraz sól i pieprz. Odłóż na bok.

b) W dużej misce wymieszać paprykę, pomidory, cebulę, bakłażan, pieczarki i ziemniaki.

c) Wymieszaj oliwę z oliwek, sól i pieprz, aż warzywa będą całkowicie pokryte. Grilluj przez 4 do 6 minut z każdej strony.

d) Zdejmij z grilla i posiekaj na kawałki wielkości kęsa, gdy tylko ostygnie na tyle, aby można było go znieść.

e) Na dużym, płytkim naczyniu ułóż rukolę.

f) Grillowane warzywa ułożyć na wierzchu rukoli, posypać mozzarellą i oliwkami i podawać z dressingiem.

59.   Sałatka z awokado i ryżem

Całkowity czas przygotowania: 15 minut

Całkowity czas gotowania: 20 minut

Wydajność: 4 porcje

Składniki

- 1 szklanka ryżu Wehani
- 3 Dojrzałe pomidory śliwkowe; posiekane i pokrojone w kostkę
- $\frac{1}{4}$ szklanki pokrojonej w kostkę czerwonej cebuli
- 1 mała papryczka Jalapeño; posiekane i pokrojone w kostkę
- $\frac{1}{4}$ szklanki kolendry pokrojonej w drobną kostkę
- $\frac{1}{4}$ szklanki oliwy z oliwek z pierwszego tłoczenia
- 1 łyżka soku z limonki
- $\frac{1}{8}$ łyżeczka nasion selera
- Sól i pieprz; do smaku
- 1 Dojrzałe awokado
- Mieszane warzywa dla niemowląt

Wskazówki

a) Ryż Wehani ugotuj zgodnie z instrukcją na opakowaniu, a następnie rozłóż na blasze do pieczenia.

b) W dużej misce połącz ryż, pomidory, czerwoną cebulę, papryczkę jalapeno i kolendrę. Dodaj sok z limonki, oliwę z oliwek z pierwszego tłoczenia, nasiona selera, sól i pieprz do smaku

c) Obierz i podziel awokado przed podaniem. Ułóż segmenty na łóżku z bukietem zielonych warzyw.

d) Umieść sałatkę ryżową Wehani na wierzchu awokado.

e) Top z grillowanymi warzywami.

60. Brązowy ryż i grillowane warzywa

Całkowity czas przygotowania: 15 minut

Całkowity czas gotowania: 30 minut

Wydajność: 6 porcji

Składniki

- 1½ szklanki brązowego ryżu
- po 4 cukinie, przekrojone wzdłuż na pół
- 1 duża czerwona cebula, pokrojona w poprzek na 3 grube segmenty
- ¼ szklanki oliwy z oliwek
- ⅓ filiżanka oliwy z oliwek
- 5 łyżek sosu sojowego
- 3 łyżki sosu Worcestershire
- 1½ szklanki zrębków z drewna Mesquite namoczonych w zimnej wodzie
- 2 szklanki świeżych ziaren kukurydzy
- ⅔ szklanka świeżego soku pomarańczowego
- 1 łyżka świeżego soku z cytryny
- ½ szklanki pokrojonej w kostkę włoskiej pietruszki

Wskazówki

a) Gotuj ryż, aż ugotujesz się w dużym rondlu z wrzącą osoloną wodą, około 30 minut. Dobrze odcedź.

b) W płytkim naczyniu połącz olej, sos sojowy i sos Worcestershire; polać segmentami cukinii i cebuli. Odczekaj 30 minut na marynowanie, jednorazowo obracając warzywa w tym czasie.

c) Rozgrzej grill.

d) Odcedź wiórki z mesquite i rozsyp węgle, aż staną się białe.

e) Połóż cebulę i cukinię na grillu, gdy frytki zaczną palić.

f) Posyp solą i pieprzem.

g) Gotuj do miękkości i złotego koloru, obracając raz lub dwa razy i posmaruj solanką. Usuń warzywa z grilla.

h) Pokrój cebulę na ćwiartki i pokrój cukinię na 1-calowe kawałki.

i) Połącz schłodzony ryż i kukurydzę w naczyniu do serwowania.

j) Wymieszaj sok pomarańczowy, sok z cytryny, 1/3 szklanki oleju, 3 łyżeczki sosu sojowego i 1 łyżkę sosu Worcestershire razem w misce. Zalej sałatkę i dobrze wymieszaj.

k) Po dodaniu pietruszki dopraw solą i pieprzem.

l) Sałatkę podawaj z dodatkowym dressingiem.

61. Sałatka z pomidorów koktajlowych i grillowanej cebuli

Całkowity czas przygotowania: 5 minut

Całkowity czas gotowania: 5 minut

Wydajność: 4 porcje

Składniki

- 1 duża cebula, cienko podzielona
- 1 łyżka oleju roślinnego
- 1-litrowe czerwone pomidory czereśniowe z łodygami i połówki
- 1-litrowe żółte pomidorki koktajlowe
- 1 ząbek czosnku, mielony
- ⅓ filiżanka oliwy z oliwek
- ¼ szklanki octu winnego
- 1 łyżka octu balsamicznego
- 2 łyżki włoskiej pietruszki, pokrojonej w kostkę
- Sól
- Pieprz mielony

Wskazówki

a) Na dużej patelni podsmażyć cebulę w oleju roślinnym i połączyć z pomidorkami koktajlowymi i dodatkami do dressingu.

b) Obsługiwać.

62. Sałatka ogrodowa z grilla

Całkowity czas przygotowania: 5 minut + chłodzenie

Wydajność: 6 porcji

Składniki

- 2 umiarkowane wędzone pomidory, posiekane i pokrojone w kostkę
- 1 umiarkowana grillowana cukinia, pokrojona w kostkę
- 1 szklanka mrożonej kukurydzy w całości, rozmrożonej
- 1 małe, dojrzałe awokado, obrane, z pestkami i grubo pokrojone w kostkę
- ⅓ filiżanka Cienko podzielona zielona cebula z blatami
- ⅓ kubek Sos Pace Picante
- 2 łyżki oleju roślinnego
- 2 łyżki pokrojonej w kostkę świeżej kolendry lub pietruszki
- 1 łyżka soku z cytryny lub limonki
- ¾ łyżeczka soli czosnkowej
- ¼ łyżeczki mielonego kminku

Wskazówki

a) W dużej misce wymieszać wędzone pomidory, grillowaną cukinię, kukurydzę, awokado i zieloną cebulkę.

b) Połącz pozostałe składniki i dobrze wymieszaj.

c) Zalej mieszanką warzywną i delikatnie wymieszaj. Schłodź przez 3-4 godziny, delikatnie mieszając od czasu do czasu.

d) Delikatnie wymieszaj sos Picante i podawaj schłodzony lub w temperaturze pokojowej.

63. Grillowane szparagi i pomidory

Całkowity czas przygotowania: 5 minut

Całkowity czas gotowania: 15 minut

Wydajność: 1 porcja

Składniki

- 12 uncji szparagów, przyciętych
- 6 Pomidorów dojrzałych, przekrojonych na pół
- 3 łyżki oliwy z oliwek
- Sól i pieprz
- 1 Ząbek czosnku, mielony
- 1 łyżka musztardy
- 3 łyżki octu balsamicznego
- ⅓ filiżanka oliwy z oliwek
- Sól i pieprz

Wskazówki

a) Rozgrzej patelnię grillową na średnim ogniu.

b) W dużej misce wymieszaj szparagi, oliwę z oliwek oraz sól i pieprz. Posmaruj pomidory w naczyniu pozostałą oliwą z oliwek.

c) Grilluj osobno szparagi i pomidory, aż będą miękkie, ale nie papkowate.

d) Za pomocą trzepaczki wymieszać w naczyniu czosnek, musztardę, ocet balsamiczny i oliwę z oliwek. Dopraw solą i pieprzem do smaku.

e) Podawaj grillowane warzywa z winegretem skropionym na wierzchu.

64. Sałatka kukurydziana z grilla

Całkowity czas przygotowania: 10 minut

Całkowity czas gotowania: 10 minut

Plony: 4

Składniki

- 1 1/2 łyżeczki. Oliwa z oliwek
- 1/2 łyżeczki. Sól
- 4 uszy kukurydzy
- 1/4 łyżeczki. pieprz
- 2 łyżki soku z limonki
- 1/8 łyżeczki. czosnek w proszku
- 1 1/2 łyżeczki. Oliwa z oliwek
- 1 szklanka pokrojonego w kostkę pomidora
- 2 łyżeczki. Cukier
- 1 szklanka pokrojonego w kostkę ogórka, bez pestek i obranego

Wskazówki

a) Podlej kukurydzę 1 1/2 łyżeczki oliwy z oliwek

b) Umieść kukurydzę na grillu i gotuj przez 20 minut, obracając co pięć minut, aż lekko się zrumieni. Ostudzić.

c) W średnim naczyniu wymieszać sok z limonki, oliwę z oliwek, cukier, sól, pieprz i czosnek w proszku.

d) Wrzuć kukurydzę, pomidor i ogórek. Mieszać

SEITAN, TEMPEH I TOFU

65. Broszetki Seitan z Brzoskwiniami

Całkowity czas przygotowania: 10 minut

Całkowity czas gotowania: 22 minuty

Wydajność 4 porcje

Składniki

- 1/3 szklanki octu balsamicznego
- 2 łyżki wytrawnego czerwonego wina
- 2 łyżki jasnobrązowego cukru
- 1/4 szklanki posiekanej świeżej bazylii
- 1/4 szklanki posiekanego świeżego majeranku
- 2 łyżki mielonego czosnku
- 2 łyżki oliwy z oliwek
- 1-funtowy seitan, pokrojony na 1-calowe kawałki
- 2 szalotki, przekrojone wzdłuż na pół i blanszowane
- Sól i świeżo zmielony czarny pieprz
- 2 dojrzałe brzoskwinie, bez pestek i pokrojone w 1-calowe kawałki

Wskazówki

a) W małym rondelku zagotuj ocet, wino i cukier. Zmniejszyć ogień do średniego i gotować, mieszając od czasu do czasu, aż płyn zmniejszy się o połowę, około 15 minut.

b) W dużej misce wymieszaj bazylię, majeranek, czosnek i oliwę z oliwek. Wrzuć seitan, szalotki i brzoskwinie, aby obtoczyć.

c) Dopraw do smaku solą i pieprzem.

d) Posmaruj seitan, szalotki i brzoskwinie mieszanką balsamiczną po nawleczeniu ich na szaszłyki.

e) Połóż broszetki na ruszcie i smaż przez 3 minuty z każdej strony, aż seitan i brzoskwinie się ugotują.

f) Podawaj natychmiast po umyciu z pozostałą mieszanką balsamiczną.

66. Grillowane Seitan i Kaboby Warzywne

Całkowity czas przygotowania 50 minut
Całkowity czas gotowania 10 minut
Wydajność 4 porcje

Składniki

- 1/3 szklanki octu balsamicznego
- 2 łyżki oliwy z oliwek
- 1 łyżka mielonego świeżego oregano
- 2 ząbki czosnku, posiekane
- 1/2 łyżeczki soli
- 1/4 łyżeczki świeżo zmielonego czarnego pieprzu
- 1-funtowy seitan, pokrojony w 1-calową kostkę
- 7 uncji małych białych grzybów
- 2 małe cukinie, pokrojone w 1-calowe kawałki
- 1 średnia żółta papryka, pokrojona w 1-calowe kwadraty
- dojrzałe pomidorki koktajlowe

Wskazówki

a) W średniej misce wymieszaj ocet, olej, oregano, tymianek, czosnek, sól i czarny pieprz.

b) Obróć, aby pokryć seitan, pieczarki, cukinię, paprykę i pomidory. Marynować przez 30 minut w temperaturze pokojowej, od czasu do czasu obracając.

c) Podgrzej grill.

d) Za pomocą szaszłyków nawlecz seitan, grzyby i pomidory.

e) Umieść szaszłyki na gorącym grillu i gotuj przez około 10 minut, obracając raz w połowie.

f) Podawaj natychmiast z niewielką ilością zarezerwowanej marynaty skropionej na wierzchu.

67.   Kubańska kanapka z seitanem

Całkowity czas przygotowania: 15 minut
Całkowity czas gotowania: 35 minut
Wydajność: 4
Składniki
Pieczony seitan Mojo:

- 3/4 szklanki świeżego soku pomarańczowego
- 3 łyżki świeżego soku z limonki
- 3 łyżki oliwy z oliwek
- 4 ząbki czosnku, mielone
- 1 łyżeczka suszonego oregano
- 1/2 łyżeczki mielonego kminku
- 1/2 łyżeczki soli
- 1/2-funtowy seitan, pokrojony w plastry o grubości 1/4 cala

Do montażu:

- 4 wegańskie bułeczki kanapkowe w łodzi podwodnej, pokrojone na szerokość
- Masło wegańskie w temperaturze pokojowej lub oliwa z oliwek
- Żółta musztarda
- 1 szklanka kromek chleba z masłem
- 8 plasterków wegańskiej szynki
- 8 plasterków łagodnego wegańskiego sera

Wskazówki

a) Rozgrzej piekarnik do 375 stopni Fahrenheita.

b) W ceramicznej lub szklanej patelni do pieczenia o wymiarach 7 x 11 cali wymieszaj wszystkie składniki mojo z wyjątkiem seitana. Wrzucić paski seitan do marynaty, aby je pokryć. Piecz przez 10 minut, a następnie odwróć plastry, aby lekko przyrumienić brzegi.

c) Przekrój każdą bułkę lub kromkę chleba na pół poziomo i obficie posmaruj masłem lub posmaruj oliwą obie połówki. Rozłóż grubą warstwę musztardy, kilka plasterków marynaty, dwa plasterki szynki i jedną czwartą plastrów seitan na dolną połowę każdej bułki, a następnie połóż dwa plasterki sera.

d) Ułóż drugą połowę bułki na dolnej połowie kanapki i nałóż odrobinę pozostałej marynaty na przeciętą stronę.

e) Rozgrzej żeliwną patelnię na średnim ogniu.

f) Delikatnie przełóż dwie kanapki na patelnię, a następnie przykryj czymś ciężkim i żaroodpornym.

g) Grilluj kanapkę przez 3 do 4 minut.

h) Gotuj przez kolejne 3 minuty lub do momentu, gdy ser będzie gorący i stopiony, ponownie dociskając wagę.

i) Usuń masę i pokrój każdą kanapkę po przekątnej ostrym nożem na desce do krojenia. Natychmiast podawaj!

68. Grillowane Tempeh

Całkowity czas przygotowania: 10 minut

Całkowity czas gotowania: 10 minut

Wydajność: 4 porcje

Składniki

- 1-funtowy tempeh, pokrojony w 2-calowe batoniki
- 2 łyżki oliwy z oliwek
- 1 średnia cebula, mielona
- 1 średnia czerwona papryka, mielona
- 2 ząbki czosnku, posiekane
- 14,5 uncji pomidorów w puszce
- 2 łyżki ciemnej melasy
- 2 łyżki octu jabłkowego
- 2 łyżki sosu sojowego
- 2 łyżeczki ostrej brązowej musztardy
- 1 łyżka cukru
- 1/2 łyżeczki soli
- 1/4 łyżeczki zmielonego ziela angielskiego
- 1/4 łyżeczki mielonej cayenne

Wskazówki

a) Tempeh gotuj przez 30 minut w średnim garnku z wrzącą wodą. Odcedź wodę i odstaw na bok.

b) Rozgrzej olej w dużym rondlu na średnim ogniu. Podsmaż cebulę, paprykę i czosnek przez 5 minut lub aż zmiękną. Doprowadź do wrzenia z pomidorami, melasą, octem, sosem sojowym, musztardą, cukrem, solą, zielem angielskim i cayenne. Zmniejsz ogień i gotuj przez 20 minut bez przykrycia.

c) Rozgrzej pozostałą 1 łyżkę oleju na dużej patelni na średnim ogniu.

d) Dodaj tempeh i gotuj przez 10 minut, przewracając raz, aż tempeh stanie się złotobrązowy. Dodaj tyle sosu, aby całkowicie pokryć tempeh.

e) Przykryj i gotuj przez 15 minut, aby wymieszać smaki. Podawaj od razu.

69.   Grillowane Tofu z Glazurą Tamaryndową

Całkowity czas przygotowania: 25 minut
Całkowity czas gotowania: 40 minut
Wydajność 4 porcje

Składniki

- 1 funt bardzo jędrnego tofu odsączonego i poklepanego na sucho
- Sól i świeżo zmielony czarny pieprz
- 2 łyżki oliwy z oliwek
- 2 średnie szalotki, posiekane
- 2 ząbki czosnku, posiekane
- 2 dojrzałe pomidory, grubo posiekane
- 2 łyżki ketchupu
- 1/4 szklanki wody
- 2 łyżki musztardy Dijon
- 1 łyżka ciemnobrązowego cukru
- 2 łyżki nektaru z agawy
- 2 łyżki koncentratu tamaryndowca
- 1 łyżka ciemnej melasy
- 1/2 łyżeczki mielonej cayenne
- 1 łyżka wędzonej papryki
- 1 łyżka sosu sojowego

Wskazówki

a) Pokrój tofu w 1-calowe plastry, dopraw do smaku solą i pieprzem i włóż do płytkiej formy do pieczenia.

b) Rozgrzej olej w dużym rondlu na średnim ogniu. Smaż przez 2 minuty z szalotką i czosnkiem. Połącz pozostałe składniki, z wyjątkiem tofu.

c) Zmniejszyć ogień na mały i gotować przez 15 minut. Zmiksuj zawartość w blenderze, aż będzie całkowicie gładka.

d) Wróć do garnka i gotuj jeszcze przez 15 minut.

e) Rozgrzej grill lub piekarnik.

f) Grilluj marynowane tofu, obracając raz.

g) Zdejmij tofu z grilla i przed podaniem pokryj obie strony sosem tamaryndowym.

70.   Szaszłyk z tofu w marynacie

Całkowity czas przygotowania: 10 minut

Całkowity czas gotowania: 10 minut

Wydajność: 4 porcje

Składnik

- 1 funt twardego tofu, odsączonego
- 16 umiarkowanych grzybów Shiitake
- 1 duża rzodkiewka Daikon
- 1 każda głowa bok choy
- ½ szklanki sosu sojowego
- ½ szklanki soku pomarańczowego
- 2 łyżki octu ryżowego
- 2 łyżki oleju arachidowego
- 1 łyżka ciemnego oleju sezamowego
- 2 łyżki świeżego imbiru, posiekanego
- ¼ łyżeczki ostre chili, mielone

Wskazówki

a) Zemulguj solankę, mieszając wszystkie składniki.

b) Ciasto z tofu przekroić na pół i marynować przez 1 godzinę w temperaturze pokojowej lub przez noc w lodówce. Często skręcaj.

c) Marynuj grzyby, daikon i łodygi bok choy.

d) Wymieszaj marynatę z liśćmi kapusty bok choy.

e) Złóż boki każdego liścia do środka i zwiń go od góry.

f) Ewentualnie nałóż na drewniane szpikulce opakowanie liści, grzyby, tofu, daikon i łodygę bok choy.

g) Grilluj szaszłyki przez 12 do 15 minut na zamkniętym grillu, obracając w połowie, aby zapewnić równomierne gotowanie.

71. Cafe z grilla tofu

Całkowity czas przygotowania: 20 minut

Całkowity czas gotowania: 5 minut

Wydajność: 4 porcje

Składnik

- 1 funt tofu
- ¼ szklanki Mirin
- ¼ szklanki Tamari
- 1 łyżeczka świeżego imbiru; mielony
- dash pieprz, cayenne

Wskazówki

a) Połącz mirin, tamari, imbir i pieprz cayenne.

b) Marynuj tofu w mieszance przez co najmniej godzinę lub przez noc.

c) Grilluj tofu na rozżarzonych węglach, aż się lekko zrumieni.

72. Grillowane tofu sojowe

Całkowity czas przygotowania: 20 minut + chłodzenie

Całkowity czas gotowania: 5 minut

Wydajność: 4 porcje

Składnik

- 1 funt twardego tofu
- 2 łyżki sosu sojowego
- 1 łyżka cukru paczkowanego brązowego
- 1 łyżka ketchupu
- 1 łyżka chrzanu
- 1 łyżka octu jabłkowego
- 1 ząbek czosnku, mielony

Wskazówki

a) Pokrój tofu na kawałki o grubości 1/2 cala i umieść w szklanym naczyniu do pieczenia.

b) Połącz sos sojowy, brązowy cukier, ketchup, chrzan, ocet i czosnek w misce; polej tofu i równomiernie obróć.

c) Przechowywać w lodówce przez co najmniej 1 godzinę lub do 24 godzin, obracając raz lub dwa razy.

d) Kolejne porcje zamarynować i ułożyć tofu na natłuszczonym grillu.

e) Grilluj przez 3 minuty z każdej strony lub do zrumienienia na umiarkowanie dużym ogniu, podlewając marynatą.

73. Grillowane tofu z nerimiso

Wydajność: 12 porcji

Składnik

- 3 łyżki Dashi
- ½ szklanki białego miso
- 1 łyżka cukru
- 1 łyżka Mirin
- 3 łyżki prażonego sezamu
- 1 żółtko
- 3 ciasta tofu
- 12 gałązek kinome

Wskazówki

a) Zagotuj dashi, miso, cukier i mirin. Zmniejsz ogień i mieszaj regularnie drewnianą łyżką przez kolejne 20 minut.

b) Przed dodaniem żółtka pozostawić do ostygnięcia. Mieszaj energicznie, aż powstanie gładka pasta.

c) Zmiel nasiona sezamu i wymieszaj je z połową mieszanki nerimiso, pozostawiając drugi sos gładki.

d) Każde ciasto z tofu pokrój na cztery prostokąty. Rozłóż nerimiso na jednej stronie kawałków tofu, następnie użyj prostego sosu na połowie z nich i sosu o smaku sezamowym na drugiej połowie.

e) Grilluj do brązowego i chrupiącego z obu stron na węglu drzewnym.

74. Szaszłyk z tofu i warzyw

Całkowity czas przygotowania: 10 minut

Całkowity czas gotowania: 6 minut

Wydajność: 1 porcja

Składnik

- 4 Scalony
- 1 blok firmy Tofu, pokrojony w 3/4"

Mieszanka solankowa

- 2 łyżeczki czosnku
- 2 łyżki świeżego imbiru
- 3 łyżki oliwy lub oleju rzepakowego
- ½ szklanki sosu sojowego
- 2 łyżki brązowego cukru
- 2 łyżeczki prażonego oleju sezamowego
- ¼ łyżeczki płatków czerwonego chili
- ⅓ lb. Cremini lub grzyby shiitake
- 1 czerwona papryka
- 1 czerwona lub żółta cebula

Wskazówki

a) Aby przygotować solankę, rozdrobnij szalotki, czosnek i imbir w robocie kuchennym lub mikserze, aż zostaną drobno posiekane.

b) Rozgrzej oliwę z oliwek na małej patelni i smaż mieszankę szalotki przez minutę lub dwie. Doprowadzić do wrzenia, mieszając z sosem sojowym i cukrem.

c) Zdejmij z ognia i pozwól mu ostygnąć przed dodaniem oleju sezamowego i płatków czerwonego chile.

d) Zmniejsz ogień i zalej kostki tofu, marynując co najmniej 1 godzinę do 4 godzin.

e) Tofu marynowane na szaszłyku, pieczarki, papryka i cebula.

f) Posmaruj warzywa pozostałą solanką i grilluj, aż będą chrupiące i miękkie.

75. Indyjskie przyprawione tofu szaszłyki

Całkowity czas przygotowania: 30 minut

Całkowity czas gotowania: 30 minut

Wydajność: 1 porcja

Składnik

- 3 opakowania Tofu, pokrojone w kostkę
- Sok z 2 cytryn
- Sól i pieprz
- 1 czerwona cebula
- 2 łyżki pokrojonej w kostkę kolendry
- 1 mały ogórek; obrane
- 4 chlebki Pita
- 1 opakowanie jogurtu naturalnego
- Olej z orzeszków ziemnych do smażenia
- 1 łyżka nasion kolendry
- 1 łyżka nasion kminku
- 1 łyżka papryki
- 2 czerwone papryczki chili
- 1 mały kawałek imbiru
- 3 łyżki jogurtu
- 2 łyżki kurkumy

- 1 łyżka Garam masala

Wskazówki

a) W młynku do kawy zmiksuj wszystkie przyprawy, aż będą drobno zmielone. Dodaj jogurt.

b) Dopraw tofu solą i sokiem z cytryny. Marynować przez co najmniej godzinę w mieszance przypraw. Nabij je na bambusowe szpikulce.

c) Czerwoną cebulę i ogórek pokroić w drobną kostkę i połączyć z kolendrą. Dopraw solą i pieprzem do smaku

d) Grilluj pity z obu stron na patelni grillowej.

e) W niewielkiej ilości oleju z orzeszków ziemnych podsmażyć szaszłyki z tofu ze wszystkich stron.

f) Podawać z jogurtem naturalnym i pitami podzielonymi na segmenty. Napełnij mieszanką z czerwonej cebuli, nałóż na szaszłyk z tofu i podawaj.

76. Papryki faszerowane tofu na grillu

Całkowity czas przygotowania: 10 minut

Całkowity czas gotowania: 35 minut

Wydajność: 4 porcje

Składnik

- 4 duże zielone papryki
- 1 duża cebula; pokrojone w kostkę
- 3 ząbki czosnku; mielony
- 12 uncji Tofu; pokruszony
- 2 łyżeczki oliwy z oliwek; może potroić
- 8 uncji segmentowanych grzybów
- 4 pomidory Roma
- 1 łyżeczka mielonego świeżego majeranku
- ½ łyżeczki soli; lub więcej do smaku
- 1 łyżeczka świeżego oregano
- 1 łyżka sosu sojowego
- 14 uncji duszonych pomidorów
- 1 szklanka ugotowanego brązowego ryżu
- ½ szklanki wody
- Świeżo zmielony czarny pieprz
- Parmezan lub kwaśna śmietana do przybrania

Wskazówki

a) Rozgrzej grill na średnio-wysoki.

b) Grilluj papryki przez 5 minut, przewracając co 2 minuty, aż będą delikatnie zwęglone, ale niezbyt miękkie.

c) Cebulę, czosnek i tofu podsmażyć w oliwie z oliwek na dużej patelni grillowej przez 4 do 5 minut. Na patelnię dodaj pieczarki, 3 pokrojone w kostkę pomidory Roma, majeranek, sól i oregano.

d) Dodaj sos sojowy, pomidory i ryż. Zdjąć z ognia i wymieszać do połączenia. Wlej tę mieszankę do każdej papryki, delikatnie dociskając łyżką, aby zrobić dodatkowe miejsce na farsz.

e) Nałóż jedną czwartą resztek pomidora Roma na wierzch każdej papryki. Włóż papryki do 2-litrowego naczynia do pieczenia i przykryj je resztkami mieszanki pomidorowej.

f) Przykryj folią aluminiową i dodaj wodę i czarny pieprz.

g) Postaw na grillu i gotuj przez 20 do 25 minut na pośrednim ogniu lub do momentu, gdy papryka będzie miękka, ale nie papkowata.

h) Nałóż pozostały sos na paprykę i podawaj.

KANAPKI I BURGERY

77. Burgery z ryżu z soczewicy

Całkowity czas: 40 minut
Wydajność: 8 porcji

Składniki

- ¾ Szklanka Soczewicy
- 1 słodki ziemniak
- 10 świeżych liści szpinaku; do 15
- 1 szklanka świeżych grzybów
- ¾ filiżanka bułka tarta
- 1 łyżeczka Estragonu
- 1 łyżeczka czosnku w proszku
- 1 łyżeczka płatków pietruszki
- ¾ kubek ryżu długoziarnistego

Wskazówki

a) Ugotuj ryż do miękkości i lekko lepkiej, a następnie dodaj soczewicę. Pozwól na schłodzenie.

b) Zmiel ugotowanego obranego słodkiego ziemniaka.

c) Pieczarki drobno pokroić. Opłucz liście szpinaku i grubo je rozdrobnij. Wszystkie składniki i przyprawy wymieszać w misce, doprawić solą i pieprzem do smaku.

d) Wstaw do lodówki na 15 do 30 minut. Formować w pasztecikii gotować na grillu na świeżym powietrzu z grillem warzywnym.

e) Pamiętaj, aby naoliwić lub spryskać patelnię Pam, aby zapobiec przywieraniu burgerów.

78.   Burger z oliwek i fasoli mung

Całkowity czas: 45 minut

Wydajność: 4 porcje

Składniki

- 1/2 szklanki zielonej fasoli mung, namoczonej i ugotowanej
- 1 łyżka siemienia lnianego złocistego, zmielonego
- ½ szklanki oliwek Kalamata, drobno posiekanych
- ½ szklanki cebuli, drobno posiekanej
- ½ łyżeczki suszonego oregano
- ¼ łyżeczki świeżo zmielonego czarnego pieprzu
- ¼-½ łyżeczki celtyckiej soli morskiej
- 1 łyżka ekologicznej pasty pomidorowej
- 2 ząbki czosnku, posiekane
- 1 łyżka ekologicznych suszonych pomidorów w oleju, posiekanych
- ¼ szklanki świeżej pietruszki, posiekanej

Wskazówki

a) Rozgrzej piekarnik do 375 stopni Fahrenheita.

b) W małej misce wymieszać siemię lniane i 3 łyżki wody.

c) W robocie kuchennym zmiksuj ziarna, aż uzyskają gładką konsystencję.

d) Umieścić w średniej wielkości misce do mieszania. Należy dodać oliwki, cebulę, czosnek, suszone pomidory, pietruszkę, przyprawy i koncentrat pomidorowy. Wszystko dokładnie połącz. Dostosuj sól do smaku.

e) Wrzuć mieszankę lnu. Wszystko wymieszaj.

f) Uformuj 4-6 burgerów i równomiernie rozłóż na patelni.

g) Gotuj przez 20 minut, następnie wyjmij z grilla, odwróć i gotuj jeszcze przez 5-10 minut. Gdy burgery są gotowe, powinny być delikatnie przyrumienione.

79.   Burger z czarnej fasoli z serem cheddar i cebulą

Całkowity czas przygotowania: 5 minut

Całkowity czas: 10 minut

Wydajność: 6

Składniki

- 400 g gotowanej czarnej fasoli
- olej arachidowy do smażenia
- 65 g drobno posiekanej cebuli
- 1 łyżeczka łagodnego chili w proszku
- 1 łyżeczka wędzonej papryki
- 3 łyżki sosu BBQ
- 50 g Prażonych na Sucho Orzechów
- 2 łyżki drobno posiekanej kolendry
- 100 g ugotowanego czarnego ryżu
- 25 g bułki tartej panko
- sól morska
- Karmelizowane cebule
- 2 cebule
- 2 łyżki masła
- 1 łyżka octu z czerwonego wina

Służyć

- 120g Cheddaru
- 6 bułek do burgerów, przekrojonych na pół
- masło do bułek
- Liście sałaty rzymskiej

Wskazówki

a) Na patelni rozgrzać niewielką ilość oleju i smażyć cebulę na złoty kolor.

b) Zmniejsz ogień i wrzuć chili i paprykę w proszku.

c) Zdejmij patelnię z ognia i dodaj sos BBQ.

d) Posiekaj orzechy włoskie i wymieszaj je z fasolą, kolendrą, ryżem, bułką tartą panko i szczyptą soli w misce do mieszania.

e) Mieszaj mieszankę cebuli, aż zostanie dokładnie wymieszana.

f) Uformuj jednorazowo 6 okrągłych placków z garścią mieszanki, a następnie owiń folią spożywczą.

g) Wstaw do lodówki przez co najmniej godzinę.

h) Po obraniu i posiekaniu cebulę włożyć do chłodnego garnka. Włóż masło do rondla i ustaw na średnim ogniu, a następnie przykryj.

i) Zdejmij pokrywkę, wlej ocet, zwiększ ogień i gotuj, mieszając od czasu do czasu, przez około 15 minut, aż płyn znacznie się zmniejszy. Odłóż na bok.

j) Rozgrzej grill do 350 stopni Fahrenheita.

k) Grilluj kotlety przez kilka minut z obu stron, aż nabiorą dobrego koloru.

l) Na wierzch każdego burgera połóż kilka plasterków sera i grilluj, aż ser się rozpuści.

m) Posmaruj masłem pokrojone powierzchnie bułek i szybko usmaż je na grillu.

n) Na dnie każdego chleba połóż pasztecik. Udekoruj liściem sałaty i dużą porcją karmelizowanej cebuli.

80.   Grillowany Burger Awokado z Marynowaną Fasolą

Całkowity czas: 10 minut

Wydajność: 6

Składniki

- 3-4 średnie awokado
- Sok z 1 limonki
- Oliwa z oliwek

Marynowana fasola

- 200 g gotowanej czarnej fasoli
- 2-3 Wędzone Pomidory
- 1 dymka, drobno posiekana
- 1 łyżeczka drobno posiekanego serrano chili
- 1 łyżka drobno posiekanej kolendry
- 1 łyżeczka drobno posiekanego czosnku
- 1 łyżka octu z białego wina
- 2 łyżki oliwy z oliwek
- skórka z 1 limonki

Służyć

- 6 bułek do burgerów, przekrojonych na pół
- masło do bułek
- 6 łyżek crème fraiche

- pietruszka i kolendra
- pieprz cayenne

Wskazówki

a) Przygotuj wędzone pomidory na grillu.

b) Wymieszaj wędzone posiekane pomidory z pozostałymi składnikami i marynowaną fasolą.

c) Plastry awokado ułożyć na talerzu i skropić sokiem z limonki i oliwą.

d) Szybko grilluj plastry awokado na grillu na bardzo dużym ogniu lub użyj palnika, aby przysmażyć powierzchnię.

e) Szybko grilluj bułki na grillu z masłem na pokrojonej powierzchni.

f) Na każdej bułce rozsmaruj dużą łyżkę marynowanej fasoli. Następnie połóż 2 plasterki awokado, porcję crème Fraiche i posyp pietruszką i kolendrą.

g) Na koniec posyp pieprzem cayenne.

81. Burger z komosy ryżowej i słodkich ziemniaków

Całkowity czas przygotowania: 15 minut

Całkowity czas gotowania: 1 HR 10 minut

Wydajność: 6

Składniki

- 3 średnie bataty, pieczone
- 2 jajka
- 1 szklanka mąki z ciecierzycy
- 1 łyżeczka chili w proszku
- 1 łyżka pełnoziarnistej musztardy Dijon
- 1 łyżka masła orzechowego lub innego masła orzechowego
- sok z ½ cytryny
- 1 szczypta soli morskiej
- 200 g komosy ryżowej
- olej arachidowy do smażenia
- Śmietana chrzanowa
- 3 łyżki drobno startego chrzanu
- 1¼ szklanki kwaśnej śmietany
- sól morska

Służyć

- 6 bułek do burgerów, przekrojonych na pół

- masło do bułek
- drobno pokrojone czerwone szalotki azjatyckie
- drobno posiekany szczypiorek

Wskazówki

a) Podzielić ziemniaki wzdłuż i łyżką wyskrobać wnętrze.

b) Używając ostrza noża, lekko ubij jajka w robocie kuchennym. Zmiksuj słodkie ziemniaki, mąkę z ciecierzycy, chili w proszku, musztardę, masło orzechowe, sok z cytryny i sól, aż wszystko się połączy. Dodaj komosę ryżową i przełóż do miski.

c) Uformuj 6 okrągłych paszteciaków z garścią mieszanki na raz, ręcznie lub za pomocą krążka. Przykryj placki folią spożywczą i odłóż na bok.

d) W misce wymieszać chrzan i śmietanę. Dopraw solą do smaku i odstaw.

e) Grilluj kotlety przez kilka minut z obu stron na średnim ogniu, aż nabiorą koloru.

f) Posmaruj masłem pokrojone powierzchnie bułek i szybko je grilluj.

g) Na spód każdej bułki połóż burgera i przykryj kwaśną śmietaną chrzanową, szalotką i szczypiorkiem.

82.   Grillowane kanapki z Chile Relleno

Całkowity czas: 30 minut

Wydajność: 4 porcje

Składnik

- 4-uncjowa puszka całych zielonych papryczek chili; osuszony
- 8 segmentów Biały chleb
- 4 segmenty Monterey Jack; 1 uncja każdy
- 4 segmenty sera Cheddar; 1 uncja każdy
- 3 łyżki margaryny lub masła; zmiękczony

Wskazówki

a) Na wierzch 4 kromki chleba z 1 kromką sera Monterey Jack, kromkami chili i serem Cheddar; na wierzch z pozostałymi kromkami chleba.

b) Na zewnątrz każdej kanapki posmaruj margarynę.

c) Rozgrzej patelnię do średniej temperatury lub 375 stopni Fahrenheita.

d) Smaż przez 2-4 minuty z każdej strony lub do momentu, aż chleb się zarumieni, a ser się rozpuści.

83. Grill z owocami orzechowymi Kanapka

Całkowity czas gotowania: 3 minuty

Całkowity czas przygotowania: 1 min

Wydajność: 1 porcja

Składniki

- 12 segmentów Biały chleb
- Masło; zmiękczony
- ½ szklanki gładkiego masła orzechowego
- ½ szklanki pokruszonego ananasa; dobrze osuszone
- 1 szklanka Żurawinowego smaku pomarańczy

Wskazówki

a) Chleb posmarować masłem z obu stron.

b) Masło orzechowe i zmiażdżony ananas rozłóż równomiernie na 6 kromkach chleba.

c) Dodaj smak żurawinowo-pomarańczowy do mieszanki masła orzechowego.

d) Na wierzch z pozostałymi kromkami chleba i grilluj na złoty kolor z obu stron.

e) Pokrój na kawałki i od razu podawaj.

f) Podawaj z paluszkami selera i lokami z marchewki jako ozdobą.

84. Zdrowa wegańska kanapka z grillowanym serem

Całkowity czas przygotowania: 5 minut

Całkowity czas gotowania: 10 minut

Wydajność: 3 kanapki

Składniki

- 6 kromek chleba
- 1 awokado, obrane, pokrojone w plastry
- 1 cukinia, pokrojona w długie plastry o grubości ½ cala
- ½ szklanki świeżego szpinaku
- 4 uncje wędzone tofu, pokrojone
- 1 zielona cebula, pokrojona w kostkę
- 3 łyżki majonezu z nerkowców
- 4-5 łyżek wegańskiego sosu serowego
- Mikroziele lub kiełki

Wskazówki

a) Na rozgrzanej patelni grillowej smaż plastry cukinii i tofu przez 3 minuty, następnie odwróć i gotuj przez kolejne 3 minuty. Połóż na talerzu do ostygnięcia.

b) Ułóż kawałki chleba obok siebie i posmaruj jedną łyżką majonezu nerkowca na każdej z trzech dolnych kromek.

c) Jeszcze raz ułóż złożoną grillowaną cukinię i plastry tofu, a następnie skrop około 2 łyżeczkami roztopionego sosu serowego.

d) Na wierzch dodaj świeży szpinak, zieloną cebulę i kiełki, a następnie kolejną łyżkę sosu serowego i pokrojone awokado.

e) Przykryj kromką chleba.

f) Podgrzej żeliwną patelnię na średnim ogniu przed dodaniem kanapek.

g) Wegańskie kanapki z serem sprasuj łopatką przez kilka sekund, a następnie przykryj pokrywką i gotuj przez 3-4 minuty lub do uzyskania złotej skórki.

85. Grillowane kanapki z orzechami i serem pleśniowym

Całkowity czas przygotowania: 5 minut

Całkowity czas gotowania: 10 minut

Wydajność: 1 porcja

Składnik

- 1 szklanka pokruszonego sera pleśniowego;
- ½ szklanki prażonych orzechów włoskich pokrojonych w drobną kostkę
- 16 segmentów Chleb pełnoziarnisty
- 16 małych gałązek rzeżuchy
- 6 łyżek masła

Wskazówki

a) Równomiernie podziel ser i orzechy włoskie na 8 kawałków chleba.

b) Na wierzch z 2 gałązkami rzeżuchy.

c) Doprawić pieprzem i posypać pozostałymi kawałkami chleba, tworząc w sumie 8 kanapek.

d) Na dużej patelni nieprzywierającej roztop 3 łyżki masła.

e) Grilluj kanapki przez 3 minuty z każdej strony lub do momentu, aż złocisto-brązowy i ser się rozpuści. Przenieś na deskę do krojenia.

f) Pokrój kanapki po przekątnej. Przełóż na talerze do serwowania.

86.   Grillowane jabłko i ser

Całkowity czas przygotowania: 10 minut

Całkowity czas gotowania: 5 minut

Wydajność: 2 porcje

Składnik

- 1 małe jabłko Red Delicious
- ½ szklanki 1% chudego twarogu
- 3 łyżki drobno pokrojonej w kostkę fioletowej cebuli
- 2 angielskie babeczki na zakwasie, podzielone i opiekane
- ¼ szklanki pokruszonego sera pleśniowego

Wskazówki

a) W małej misce wymieszać twarożek z cebulą i dokładnie wymieszać.

b) Na każdą połówkę babeczki posmarować około 2 łyżeczkami masy z twarogu.

c) Umieść 1 pierścień jabłka na wierzchu każdej filiżanki na muffinki; równomiernie posyp pokruszony ser pleśniowy na krążki jabłek.

d) Umieść na blasze do pieczenia i grilluj przez 1-12 minut, aż ser pleśniowy rozpuści się, 3 cale od ognia.

87. Rozkosz z grillowanego sera?

Całkowity czas przygotowania: 5 minut

Całkowity czas gotowania: 5 minut

Wydajność: 1 porcja

Składnik

- 6 segmentów Chleb
- 3 grube kawałki sera
- ½ łyżeczki pokruszonego czerwonego chili
- Sól dla smaku
- Kropelka masła

Wskazówki

a) Połóż ser na trzech kawałkach chleba.
b) Na wierzchu posmaruj chili i przykryj drugim kawałkiem chleba.
c) Grill nad rozżarzonymi węglami

DESERY

88. Grillowane placki ziemniaczane

Całkowity czas gotowania: 10 minut

Całkowity czas: 20 minut

Wydajność: 100 porcji

Składnik

- 2 galony wody; wrzenie
- 1½ szklanki masła
- 12 jajek
- 2½ szklanki mleka
- 3¼ kwarty ziemniaka
- 1 funt mąki
- 2 łyżki soli

Wskazówki

a) Połącz ziemniaki i mleko. Odłóż na bok

b) W misce wymieszać wodę, masło lub margarynę, sól i pieprz.

c) Używając drucianego batonika, natychmiast dodaj kombinację ziemniaków i mleka do płynu przy niskich obrotach; mieszać przez 12 minut.

d) Zmiksuj jajka, ubijając z umiarkowaną prędkością

e) Obtoczyć ciastka w przesianej mące uniwersalnej.

f) Grilluj przez 3 do 4 minut z każdej strony na dobrze natłuszczonej patelni o temperaturze 375°F lub do uzyskania złotego koloru.

89. Grillowane ciastka ryżowe

Całkowity czas gotowania: 12 minut

Wydajność: 4 porcje

Składnik

- 2½ szklanki wody
- Sól
- 1½ szklanki ryżu krótkoziarnistego
- 1 łyżka octu ryżowego lub octu sherry

Wskazówki

a) Gotuj ryż na małym ogniu przez 18 minut lub do momentu, aż ryż wchłonie cały płyn.

b) Gdy ryż się ugotuje, zdejmij go z ognia i wymieszaj z octem ryżowym. Pozwól na schłodzenie.

c) Napełnij lekko natłuszczoną 9-calową kwadratową lub okrągłą blachę do ciasta do połowy mieszanką ryżu. Ryż równomiernie wcisnąć do garnka wilgotnymi lub lekko naoliwionymi dłońmi. Wstaw do lodówki do stwardnienia.

d) Przygotuj grill.

e) Ustawiony ryż pokrój na 12 równych kształtów za pomocą deski do krojenia.

f) Delikatnie posmaruj grill olejem przed dodaniem ciastek ryżowych.

g) Gotuj przez 1 do 2 minut, aż będzie dobrze zabarwiony, a następnie odwróć i grilluj przez kolejne 1 do 2 minut. Podawaj od razu.

90. Ciastko brzoskwiniowe

Całkowity czas przygotowania: 10 minut

Całkowity czas gotowania: 15 minut

Wydajność: 9 porcji

Składniki

- 2 łyżki miodu
- 1 łyżka masła, roztopionego
- 1/4 łyżeczki cynamonu
- 2 med dojrzałych bananów
- 2 med dojrzałej brzoskwini
- 1/2 z 11 uncji babki, pokrojonej na segmenty 3/4 cala
- 1/2 z 8 uncji Cool bat, rozmrożony
- 1/4 łyżeczki cynamonu
- szczypta gałki muszkatołowej

Wskazówki

a) W małym pojemniku wymieszaj miód, roztopione masło i 1/4 łyżeczki cynamonu.

b) Gotuj przez 8-10 minut na ruszcie grillowym na średnim ogniu, często mieszając.

c) Nałóż na ciasto łyżką ciepłe owoce.

d) Wymieszaj pozostałe trzy składniki i nałóż łyżkę na wierzch.

91. Hayes Street Grill chrupiąca morela

Całkowity czas przygotowania: 20 minut

Całkowity czas gotowania: 40 minut

Wydajność: 4 porcje

Składnik

- 8 łyżek niesolonego masła, pokrojonego na małe kawałki
- 4 filiżanki pestek moreli bez pestek
- Sok z 1 cytryny
- 2 do 8 łyżek cukru pudru, do smaku
- 1 Mąkę o wszechstronnym przeznaczeniu
- 1 szklanka jasnobrązowego cukru, zapakowana
- szczypta soli
- 1 łyżeczka mielonego cynamonu
- Delikatnie ubita śmietana, crème Fraiche lub lody waniliowe

Wskazówki

a) Rozgrzej grill do 375 stopni Fahrenheita.

b) Lekko posmaruj 9-calową patelnię do ciasta lub płytkie, okrągłe naczynie do pieczenia.

c) Połącz owoce z sokiem z cytryny i cukrem granulowanym. Wypełnij naczynie do pieczenia mieszanką.

d) W misce wymieszaj mąkę, pozostałe masło, brązowy cukier, sól i cynamon. Rozetrzyj miksturę opuszkami palców, aż się kruszy. rozpryskiwać się po owocach

e) Grilluj przez 35 do 45 minut, aż owoce będą bulgotać na brzegach i zrumienią się na wierzchu.

f) Przed podaniem z bitą śmietaną, crème Fraiche lub lodami należy nieco ostygnąć.

92. Grillowana tarta z bakłażanem

Całkowity czas przygotowania: 20 minut

Całkowity czas gotowania: 1 godzina 45 minut

Czas schładzania: 1 godzina 10 minut

Wydajność: 8 porcji

Składnik

- Gotowanie w sprayu
- 1 duży bakłażan; obrane i podzielone na segmenty
- 6 dużych ziemniaków; obrane i podzielone na segmenty
- 6 dużych grzybów Portbella
- Oliwa z oliwek do szczotkowania
- 1 łyżka oliwy z oliwek; na bułkę tartą
- Sól i pieprz
- ¼ szklanki pietruszki; pokrojone w kostkę
- ¼ szklanki bazylii; Julien
- ¾ szklanki tartego świeżego parmezanu; lub Pecorino Romano
- 1 szklanka świeżej bułki tartej
- 1 łyżka oliwy z oliwek
- 1 mała cebula; mielony
- 1 łodyga selera; mielony

- 4 duże pomidory; nasiona i grubo pokrojone w kostkę
- ½ szklanki startej marchewki
- 1 łyżeczka świeżego tymianku; lub 1/2 łyżeczki suszonego tymianku
- 1 łyżeczka świeżego soku z cytryny
- 2 łyżeczki świeżej pietruszki; pokrojone w kostkę

Wskazówki

a) Aby przygotować smakołyk, podgrzej olej w średnim niereaktywnym garnku. Dodaj cebulę i seler i gotuj przez 3 minuty na średnim ogniu. Wrzucić pomidory, marchewkę, tymianek i doprawić do smaku solą i pieprzem.

b) Delikatnie gotuj smak, aż płyn w większości wyparuje. Wymieszaj z natką pietruszki i sokiem z cytryny.

c) Dokładnie spryskaj ruszt grillowy.

d) Rozgrzej grill na średnio-wysokim ogniu.

e) Posmaruj bakłażana, ziemniaki i pieczarki oliwą z oliwek i dopraw solą i pieprzem z obu stron.

f) Pokryj 9-calową patelnię do ciasta lub tartę sprayem do gotowania.

g) Grilluj wszystkie warzywa, aż będą dokładnie zrumienione i ugotowane z obu stron.

h) Włóż bakłażany, ziemniaki i grzyby do ciasta lub tarty, posyp natką pietruszki, bazylią i startym serem między warstwami warzyw.

i) Podgrzej 3 łyżki oliwy z oliwek na małej patelni na średnim ogniu, aż będą gorące. Podsmaż bułkę tartą na złoty kolor. Tartę należy posypać bułką tartą.

j) Podawaj od razu z małą kałużą pomidorowego smaku pod każdym ćwiartką.

93. Grillowane lody z rumem

Całkowity czas przygotowania: 15 minut

Całkowity czas gotowania: 8 minut

Wydajność: 4 porcje

Składnik

- ⅓ filiżanka Plus 1 łyżka syropu klonowego
- 1½ łyżki ciemnego rumu
- 1 łyżka roztopionego niesolonego masła
- 4 banany; dojrzałe, ale jędrne
- 1-litrowy niskotłuszczowy mrożony jogurt waniliowy
- ⅛ łyżeczka świeżo zmielonej gałki muszkatołowej

Wskazówki

a) Przygotuj grilla.

b) W małym rondelku wymieszaj syrop klonowy i rum. Dodaj roztopione masło.

c) Posmaruj banany mieszanką syropu klonowego i masła.

d) Grilluj banany przez 3 do 5 minut, przewracając raz lub dwa razy łopatką, aż delikatnie się zrumienią i zmiękną, ale nie będą papkowate.

e) W małym rondelku ustawionym w pobliżu żaru podgrzej pozostałą mieszankę syropu klonowego i rumu podczas grillowania bananów.

f) Napełnij miseczki deserowe do połowy mrożonym jogurtem. Połóż pokrojone w ćwiartki połówki banana na mrożony jogurt.

g) Polać je gorącym sosem.

94. Grillowane banany z lodami

Całkowity czas przygotowania: 25 minut

Wydajność: 1 porcja

Całkowity czas gotowania: 4 minuty

Składnik

- 2 twarde, dojrzałe banany
- $\frac{1}{4}$ Stick niesolone masło, roztopione i schłodzone
- 3 łyżki brązowego cukru
- $\frac{1}{4}$ funta czekolady, pokrojonej w kostkę
- $\frac{1}{2}$ łyżeczki cynamonu
- Lody waniliowe

Wskazówki

a) Rozgrzej patelnię grillową.

b) Banany przeciąć wzdłuż na pół po obraniu.

c) W płytkiej blasze do pieczenia wymieszać masło z brązowym cukrem, następnie dodać banany i delikatnie wymieszać do pokrycia.

d) Metalową łopatką przenieś banany na posmarowaną olejem patelnię grillową i podgrzej, aż się zrumienią i usmażą, około 2 minuty z każdej strony.

e) W ciężkim rondlu rozpuść pokrojoną w kostkę czekoladę i cynamon na małym ogniu, cały czas mieszając.

f) Banany podawać z lodami i sosem czekoladowym, jak w kawałku banana.

95. Gotowane i Grillowane Gruszki

Całkowity czas przygotowania: 5 minut

Całkowity czas gotowania: 10 minut

Wydajność 4 porcje

Składniki

- 1 1/2 szklanki soku żurawinowego
- 1 szklanka cukru
- 2 łyżeczki czystego ekstraktu waniliowego
- 2 gruszki
- 2 gałki wegańskich lodów waniliowych
- Sos czekoladowy
- Gałązki mięty do dekoracji

Wskazówki

a) Rozgrzej grill do 400 stopni Fahrenheita.

b) Na średnim ogniu wymieszać sok żurawinowy z cukrem w dużym rondlu. Gotuj przez kolejne 8 minut, następnie zdejmij z ognia i dodaj ekstrakt waniliowy.

c) Używając kulki do melona, usuń rdzenie gruszek i umieść je na patelni Ready. Obróć gruszki w syropie żurawinowym, aby je przykryć.

d) Grilluj przez 30 minut lub do miękkości, ale nie rozpadnie się.

e) Zdjąć grill i odstawić do ostygnięcia do temperatury pokojowej.

f) Połóż 2 połówki gruszki na każdym z 4 schłodzonych deserowych półmisków gotowych do podania, posypując je łyżką resztek syropu.

g) Na każdym talerzu połóż łyżkę lodów.

96.   Grillowana Melba Brzoskwinia

Całkowity czas przygotowania: 20 min

Całkowity czas gotowania: 15 min

Wydajność 4 porcje

Składniki

- 2 szklanki wody
- dojrzała brzoskwinia
- 11/2 szklanki cukru
- 2 łyżki stołowe plus 1 łyżeczka soku z cytryny
- 1 szklanka świeżych malin
- 2 gałki wegańskich lodów waniliowych
- 1 łyżka prażonych migdałów w segmentach

Wskazówki

a) Zagotuj wodę w dużym rondlu na dużym ogniu, a następnie dodaj brzoskwinię. Po 30 sekundach zmniejsz ogień do średniego, a następnie zgarnij brzoskwinie.

b) Do wody grzewczej dodać 1 szklankę cukru i 2 łyżki soku z cytryny i wymieszać, aby rozpuścić cukier.

c) Brzoskwinię obrać, zdjąć skórki i gotować przez kolejne 8 minut w gotującej się wodzie. Odcedź, wyciśnij i pokrój brzoskwinie. Odłóż na bok.

d) Połącz maliny i pozostały cukier w małym rondelku i podgrzej na średnim ogniu. Jagody zmiażdżyć wierzchem łyżki i zamieszać, aby rozpuścić cukier.

e) Przeciśnij jagody przez drobne sitko na talerz. Wymieszać z pozostałą 1 łyżeczką soku z cytryny.

f) Przełóż wegańskie lody do przezroczystych miseczek deserowych i udekoruj segmentami brzoskwini.

g) Podawać z sosem malinowym i posypanymi migdałami.

97. Danie owocowe o azjatyckich smakach

Całkowity czas przygotowania: 12 minut

Całkowity czas gotowania: 6 minut

Wydajność 4 do 6 porcji

Składniki

- 8-uncjowa puszka liczi, zapakowana w syrop
- Sok z 1 limonki
- 1 łyżeczka skórki z limonki
- 2 łyżeczki cukru
- 1/4 szklanki wody
- 1 dojrzałe mango, obrane, pozbawione pestek i pokrojone w kostkę 1/2 cala
- 1 gruszka azjatycka, wydrążona i pokrojona w 1/2-calową kostkę
- 2 banany, obrane i pokrojone na odcinki 1/4 cala
- 1 kiwi, obrany i pokrojony na 1/4-calowe segmenty
- 1 łyżka pokruszonych niesolonych grillowanych orzeszków ziemnych

Wskazówki

a) Syrop z liczi włóż do małego rondelka.

b) Podgrzej syrop z liczi z sokiem i skórką z limonki oraz cukrem i wodą na małym ogniu, aż cukier się rozpuści. Doprowadzić do wrzenia, a następnie zdjąć z ognia. Pozwól na schłodzenie.

c) Dodaj mango, gruszki, banany i kiwi do naczynia zawierającego liczi.

d) Podawać z odrobiną uratowanego syropu i garścią orzeszków ziemnych.

98. Naleśniki Lodowe

Całkowity czas: 10 minut
Wydajność 4 porcje

Składniki

- 1 1/2 pinty wegańskie lody waniliowe, zmiękczone
- Wegańskie Naleśniki Deserowe
- 2 łyżki wegańskiej margaryny
- 1/4 cukier cukierniczy
- 1/4 szklanki świeżego soku pomarańczowego
- 1 łyżka świeżego soku z cytryny
- 1/4 szklanki Grand Marnier lub innego likieru o smaku pomarańczowym

Wskazówki

a) Połóż jedną czwartą lodów od końca do końca na kawałku folii, zawiń i zwiń rękami w kłodę.

b) Każdy z bloków lodów należy zwinąć w naleśnik.

c) Po napełnieniu naleśników włóż je do zamrażarki na 30 minut, aby się stwardniały.

d) Rozpuść margarynę na małej patelni na średnim ogniu. Wlej cukier. Dodaj sok pomarańczowy, sok z cytryny i Grand Marnier.

e) Grilluj przez około 2 minuty lub do momentu, aż większość alkoholu wyparuje.

f) Przed podaniem ułóż nadziewane naleśniki na talerzach deserowych i skrop sosem pomarańczowym.

99.   Zapiekanka z Pekanem i Gruszką

Całkowity czas przygotowania: 10 minut
Całkowity czas gotowania: 45 minut
Wydajność 4 do 6 porcji

Składniki

- świeże, dojrzałe gruszki, obrane i wydrążone
- 1/2 szklanki słodzonej suszonej żurawiny
- 1/2 szklanki cukru
- 1/2 łyżeczki mielonego imbiru
- 1 łyżka mąki kukurydzianej
- 1/4 szklanki zwykłego lub waniliowego mleka sojowego
- 2/3 szklanki grubo pokrojonych w kostkę orzechów pekan
- 1/4 szklanki wegańskiej margaryny

Wskazówki

a) Rozgrzej grill do 400 stopni Fahrenheita.
b) Lekko posmaruj naczynie na zapiekankę.
c) Rozłóż gruszki w naczyniu Ready.
d) Wymieszaj żurawinę, cukier, imbir i skrobię kukurydzianą.
e) Dodaj mleko sojowe, posyp margaryną i posyp orzechami pekan.
f) Grilluj przez 20 minut lub do momentu, gdy w środku pojawią się bąbelki.

100. Tostowany krem chili

Całkowity czas przygotowania: 10 minut
Całkowity czas gotowania: 3 godziny

Wydajność: 4 porcje

Składnik

- 2 duże jajka
- 2 duże żółtka
- ⅓ Kubek Cukier, Brązowy
- 2 łyżki cukru brązowego
- ¼ łyżeczki soli
- 2 szklanki śmietanki, ciężkiej
- ¼ łyżeczki wanilii
- 2 łyżeczki Chile de Arbol, opiekane w proszku

Wskazówki

a) Rozgrzej grill do 300 ° F.
b) Wymieszaj jajko, żółtka, brązowy cukier i sól.
c) Śmietanę i wanilię sparzyć w rondlu na średnim ogniu; usunąć z ognia; ubij mieszankę jajeczną, aż będzie gładka; wróć do śmietany w rondlu i gotuj na wolnym ogniu, aż budyń pokryje tył łyżki; usunąć z ognia.
d) Napełnij kokilki kremem; umieść na patelni i umieść patelnię na grillu.

e) Napełnij wystarczającą ilością wody, aby dotrzeć do 2/3 krawędzi kokilek; grillować do momentu ustawienia na około 3 godziny.
f) Przed podaniem posyp każdy budyń proszkiem chile, a następnie posyp przesianym brązowym cukrem i grilluj, aż cukier się rozpuści, ale nie zrumieni.

WNIOSEK

To sezon na grillowanie! Grill nadaje ostry smak i nieodparty wędzony smak wszystkim, czego dotknie. I nie spychaj tego tylko do hamburgerów lub żeberek. Przygotuj przystawkę w tym samym czasie z tymi najlepszymi grillowanymi warzywami! Ta mieszanka warzyw jest pyszna, kolorowa i najlepsza: wszystkie gotują się mniej więcej w tym samym tempie. Połącz je z szybką mieszanką balsamicznego, oliwy z oliwek i odrobiną rozmarynu, a nie będziesz mógł przestać ich jeść.

www.ingramcontent.com/pod-product-compliance
Lightning Source LLC
Chambersburg PA
CBHW070642120526
44590CB00013BA/825